W0233403

zugelassener europäischer Kartoffelsorten:　　Aba　Achat

Wiebke Buckow

Kartoffeln

Anleitungen zum Umgang
mit einer Delikatesse

Europäische Verlagsanstalt

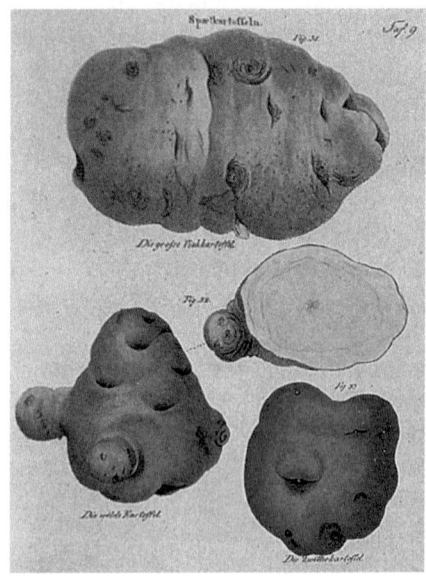

Kartoffelzeichnung von
Johann Hieronymus Kniphof, ca. 1737

Die Geschichte vom knolligen Nachtschatten

Es ist das Detail, das
lebendig macht und unterhält.
Georges Braque

Diese Geschichte handelt von verwegenen Seefahrern, ehrgeizigen Forschern, schönen Frauen und zu allererst von einer großen Liebe.

Die Geschichte beginnt, lange bevor sich der ehemalige Schweinehirt Francisco Pizarro aus Spanien auf den Weg machte, die sagenumwobene, goldglänzende Hauptstadt der Inkas zu erobern.

Die Geschichte handelt von der Kartoffel, der »gemeinen Kartoffel«, die in Fachkreisen den Namen Solanum tuberosum trägt, »knolliger Nachtschatten«.

Man darf kein furchtsamer Genießer sein, wenn man sich für die verschlungenen Pfade der Kartoffel interessiert. Lassen Sie uns diese scheinbar banale Knolle einmal näher betrachten, Sie werden Erstaunliches erfahren. Woher kam sie? Welchen Weg mußte sie zurücklegen? Wer brachte sie zu uns? Wie betörte sie Marie Antoinette? Und wer ist die Schönste ihrer Art? Was fand van Gogh an ihr? Und was hat das alles mit Liebe zu tun?

Das kleine Oval kommt zunächst unauffällig daher, dabei ist es ein Wunder der Natur und ein Segen für die Menschheit und – immer wieder einen Blick wert. Hier also die Geschichte vom knolligen Nachtschatten.

Das wahre Gold der Inkas

Die Früchte der Erde wurden in alten Zeiten als Gabe und Gnade der Götter begriffen, so auch die Kartoffel. Am Anfang unserer Geschichte steht eine wundersame große, aber unglückliche Liebe. Im Reich der Inkas erzählte man sich folgende Geschichte:

Eine der Jungfrauen, die dem Sonnengott geweiht waren, floh aus dem Tempel, aus Liebe zu einem Ackerknecht. Der erzürnte Herrscher ließ die Liebenden lebendig begraben. Da verschwand alles Gold aus den Flußbetten, das Land verdorrte, und die Felder wurden unfruchtbar. Einzig das Fleckchen Erde über dem Grab der Liebenden blieb verschont von der Dürre.

Da rieten die Priester, das Paar wieder auszugraben. Aber so tief man auch grub, man konnte nichts finden. Es wuchs dort aber eine dicke Wurzel, die sich teilte und vermehrte. Pachamama, die uralte Göttin der Erde und der Fruchtbarkeit, hatte die Tat des Inka-Königs in einen Segen für ihre Kinder verwandelt.

Neben der Pachamama verehrten die Inkas noch eine weitere Göttin, Axomama, die Kartoffelgottheit. Ihr wurde die Weiblichkeit zugeschrieben. Geschichten über die Kartoffel geben Zeugnis davon, daß Rituale rund um die Kartoffel streng nach Geschlecht getrennt waren. So war es früher nur Frauen erlaubt, die Pflanzkartoffeln in die Erde zu legen. Männer waren für die gröbere Arbeit des Furchenziehens mit Grabstöcken eingeteilt. Noch heute soll es in manchen Gegenden

Perus Brauch sein, daß eine Frau über den Acker gehen muß, ehe die Kartoffeln geerntet werden. Funde
von getrockneten Früchten der Kartoffelstaude und der
Knollen verdeutlichen die große Verehrung der Inkas
für diese Frucht. Grabgefäße von einfacher Schönheit
sind Beweis für den Kulturgegenstand Kartoffel.

Oft wurden den Toten getrocknete Kartoffeln mit-
gegeben, sogenannte Chuños. Diese gefriergetrock-
neten Kartoffeln sind ein Phänomen, denn die Inkas
haben lange vor Pfanni die ersten Fertiggerichte entdeckt. Chuños sind federleicht und gleichzeitig stein-
hart. Sie können nicht auskeimen, schrumpeln oder
verfaulen. Werden sie trocken gelagert, können sie
Jahre halten. Das Prinzip ist einfach. Nach der Ernte
nutzten die Inkas die kälteste Zeit des Jahres zur
Herstellung. Dem Nachtfrost ausgesetzt und dadurch
weich geworden, wurden die Knollen mit Füßen zer-
stampft und der Sonne ausgesetzt, so verloren sie das
Wasser, behielten jedoch alle wichtigen Nährstoffe in
der übriggebliebenen Hülle. Die Inkas verfeinerten
das Prinzip immer weiter, und es entstanden mehrere
Arten von dehydrierten Kartoffelkonserven. Diese Tor-
tur sollte man unseren heutigen Kartoffeln jedoch er-
sparen. Überzüchtet und veredelt, sind sie nicht mehr
in der Lage, den Naturkräften zu trotzen. Sie verfaulen
bei Frost und werden ungenießbar.

Chuños werden heute noch in Peru hergestellt, nur
werden sie nicht mehr in Gold aufgewogen wie zur
Zeit der spanischen Eroberer. Ein Chronist berichtete
1554, also ungefähr 20 Jahre nach der Eroberung
Perus, viele Spanier seien »allein vom Verkauf der

Chuños so reich geworden, daß sie hochbegütert in
ihre Heimat zurückkreisen konnten«.

Dabei taten sich die Europäer anfangs schwer mit
der unansehnlichen Knolle. Sie ahnten nicht, welch
Fund sie gemacht hatten. Einen Gewinn, der sich eigentlich nicht mit Gold aufwiegen ließ. Medizin aus
der Natur, sozusagen von den Göttern gegeben. Als die
Spanier in den Urwäldern Südamerikas von Skorbut
heimgesucht wurden, kurierten die Indianer sie mit
dem Saft aus rohen Kartoffeln.

Zeichnung von Felipe Guamán Poma de Ayala aus seiner
»Nueva Crónica y buen Gobierno« (1587–1613) für den
König von Spanien, in der er die Geschichte Amerikas von
den mystischen Anfängen bis zur Entdeckung erzählt.

Dem »Kartoffel-Blut« schrieben die Medizinmänner
auch magische Kräfte zu. Da wußten sie allerdings
noch nichts von den Vitaminen und Mineralstoffen, die
in der Kartoffel enthalten sind. Die Prävention von dem
bis dahin auf langen Reisen nur schwer zu verhindern-
den Skorbut trug dazu bei, daß die spanische Flotte

fortan Kartoffeln mitführte. Nicht als genußbringendes Nahrungsmittel – es dauerte noch eine ganze Weile, bis die sogenannte »Alte Welt« sich vom Genuß einer Kartoffel überzeugen ließ –, sondern als eine etwas bittere Medizin.

Symbolische Übergabe der Kartoffel,
Gemälde von Wilhelm Guntermann, 1950

In Chile und im peruanischen Hochland um den Titicacasee war die Kartoffel bereits im 7. Jahrhundert v. Chr. als Nahrungsmittel bekannt. Sie ist vermutlich, gemeinsam mit dem Getreidekorn, das älteste Nahrungsmittel des Menschen. Bis an die Grenzen des Inkareichs fanden die spanischen Goldsucher die Kartoffel, die – wie wir heute wissen – aus den kletternden, sich selbst vermehrenden Wildpflanzen der Andenhänge gezüchtet wurde. Schon damals veredelte man sie und gewann verschiedene Sorten.

**Eine lange Reise beginnt. Die Kartoffel
überquert den Ozean**

*Einst vom Himmel schaute Gott
Auf der Armen bittre Not.
Nahe ging's ihm; und was tat er
Uns zum Trost der gute Vater?
Regnet er uns Mannabrot?*

*Nein, ein Mann ward ausgesandt,
Der die neue Welt erfand,
Reiche nennens Land des Goldes;
Doch der Arme nennts sein holdes,
nährendes Kartoffelland.
Johann Heinrich Voss,
Die Kartoffelernte, 1798*

Hier beginnt nun die Geschichte von draufgängeri-
schen Seefahrern und von legendären Piraten, die im
Kampf gegen die Naturgewalten sich aufmachten, unbekannte Länder zu erobern. Über die Einfuhr der Kartoffel nach Europa ist überaus Unterschiedliches ge-
schrieben worden, Dichtung vermischt sich mit Wahrheit. Manche behaupten, Christoph Kolumbus habe
die ersten Kartoffeln nach Europa gebracht. In Wirk-
lichkeit aber ist Kolumbus, als er Haiti, den östlichsten
Ausläufer Mittelamerikas, entdeckte, gar nicht bis in
das Verbreitungsgebiet der Kartoffel vorgedrungen.
Das Heimatland der Kartoffel zieht sich an der West-
küste Süd- bis Mittelamerikas über nahezu 7500 km
Länge hin. Andere Quellen wollen wissen, daß der

spanische Admiral Cieza de León 1553 bei seinem Bericht über seine Reise in Sevilla Kartoffeln als Beweisstücke vorlegte. In der »Crónica del Perú« beschrieb er als einer der ersten den Anbau und die Verwertung der Knollen und ging auch auf die Methode der Gefriertrocknung ein.

Die meisten Berichte konzentrieren sich auf drei Männer, denen der Ruhm zuteil wird, die Kartoffel als erste von Südamerika nach Europa gebracht zu haben. Diese Namen haben noch heute einen verwegenen Klang: Sir John Hawkins, Sir Walther Raleigh und Sir Francis Drake.

Von Hawkins wird behauptet, er habe die Kartoffel als Schiffsproviant aus Santa Fé de Bogotá mitgeführt. Santa Fé de Bogotá liegt in Kolumbien, dort ist die gemeine Kartoffel nicht selten. Allerdings war Hawkins nie in Santa Fé in Kolumbien gewesen, sondern hatte Santa Fé in Venezuela bereist. Und dort gab es zu jener Zeit nur die »falsche« Kartoffel. Sie wurde Batate genannt, und man verwechselte sie wegen ihrer Form mit den echten Knollen. Bataten haben einen eher süßlichen Geschmack und sind mit der Kartoffel weder verwandt noch verschwägert.

War es also vielleicht der Günstling der englischen Königin Elisabeth I., der Pirat Sir Walther Raleigh?

Zahlreiche Eroberungstouren führten diesen furchtlosen Haudegen nach Nord- und Südamerika. Von ihm wird erzählt, er habe die Kartoffel 1588 von Peru nach Irland gebracht und sie dort im Garten seines Gutes Youghall angepflanzt. Sein alter Gärtner habe die Pflanze gehegt, nachdem er jedoch von den grünen

Beeren der eigentlichen Kartoffelfrucht gekostet hätte, habe er sich geweigert, sie zu züchten. Sir Walther ließ den verstimmten Gärtner – die grünen Beeren führen zu Durchfall und Magenbeschwerden – die Pflanze ausgraben. Fände er unter der Erde nichts Besseres, sagte er, dann könne er sie getrost vernichten. Der Gärtner fand Besseres. Fortan trug die Familie der Raleighs den Kartoffelzweig im Wappen und Sir Walther selbst den Ruhm des ersten europäischen Kartoffelpflanzers. Doch Gerüchte besagen, daß diese Geschichte erst hundert Jahre später, 1693, erfunden worden sein soll, denn wenn es um die Verteilung von Ruhm und Ehre geht, kann schon manchmal die Dichtung überhandnehmen.

Bleibt noch Sir Francis Drake, ein berüchtigter Kaperkapitän der englischen Flotte. Von Drake wird behauptet, er habe die Kartoffel 1586 aus Virginia in Nordamerika mitgebracht. Doch auch hier liegt ein Fehler vor, denn in Virginia gab es zu der Zeit noch keine Kartoffeln. Trotzdem brachte es Drake zu einem Denkmal. Es wurde in Offenbach am Main errichtet und 1853 eingeweiht. Es enthielt folgende Inschrift: »Sir Francis Drake, der im Jahre des Herrn 1586 den Genuß der Kartoffel in Europa verbreitete ... Der Segen von Millionen Menschen, die den Erdball bebauen. Dein unvergänglicher Nachruhm«.

Heinrich Heine sagte einmal:
Luther erschütterte Deutschland, Drake beruhigte es wieder. Er gab ihm die Kartoffel.

Zeichnung, die Leben und Nachruhm des
Sir Francis Drake zeigt. Unbekannter Herkunft.

Es ist also ziemlich ungewiß, wann die Kartoffel die
Küsten Europas erreichte und wer sie tatsächlich mit-
brachte. Dokumentarisch nachgewiesen wird sie je-
denfalls in Europa zum erstenmal im Jahre 1573. Im
Archiv des »Hospital de la Sangre« in Sevilla finden
sich Anmerkungen über den Kauf von Kartoffeln für
die Kranken.

Solanum tuberosum erobert Europa

In Europa angekommen, wußte niemand so recht, was mit der exotischen Besonderheit anfangen. Für viele blieb es lange ein Rätsel, worin denn nun die eigentliche Bestimmung dieser Knolle lag.

Solanum tuberosum gedieh vor sich hin, und man erfreute sich an der Schönheit ihrer Blüten. Die Kartoffel wurde in Ziergärten gezüchtet und von Fürsten und Königen als kostbares Geschenk weitergereicht. Festliche Bancketts wurden mit ihren Zweigen geschmückt, und selbst als Haarschmuck war die Kartoffelblüte begehrt. Man erzählt sich, Marie Antoinette habe die Kartoffelblüte sogar zu besonderen Anlässen im Haar getragen und ihren Offizieren als besondere Anerkennung eine Blüte geschenkt.

Auch in Preußen fand das seltene Gewächs schnell Fürsprecher. Kurfürst Friedrich Wilhelm I. ließ die schöne Pflanze in seinem Lustgarten anbauen, um sich immer wieder an ihr zu erfreuen. Auch Landgraf Wilhelm IV. von Hessen-Kassel war der Knolle verfallen. In einem Brief an Christian I. von Sachsen schrieb er 1591:

Wir überschicken Euer Liebden unter anderem ein Gewächs, so wir vor wenigen Jahren aus Italien bekommen haben und Taratouphli genannt wird. Dasselbe wächst in der Erde und hat schöne Blumen, guten Geruch, unten an der Wurzel hat es viele tubera hängen; dieselben, wenn sie gekocht werden, gar anmutig zu essen.

In Pflanzenkatalogen wurde sie kunstvoll illustriert und war bei Botanikern, Gutsherren und Landesfürsten sowie bei kirchlichen Würdenträgern als Tauschobjekt begehrt. Jeder wollte sie in seinem Garten haben. Der ästhetische Genuß war sehr ausgeprägt. Der Reiz des Neuen und Fremden tat ein übriges, um der Kartoffel einen Hauch von Exklusivität zu geben.

Im Museum Platin-Moretus in Antwerpen befindet sich die älteste Zeichnung einer Kartoffelpflanze. Sie wurde 1588 von Philipp de Sivry angefertigt und trägt den wundersamen Namen: *Taratoufli à Philipp de Sivry.*

»Taratoufli à Philipp de Sivry«,
Aquarellzeichnung, 1588

Dieser Name wurde eingedeutscht in Tartuffeln, Tartüffeln, Trüffeln und in der Gelehrtensprache bis etwa 1800 so benutzt. Eines der ältesten schriftlichen Dokumente, es stammt aus dem Jahre 1585, ist von dem Botaniker Caspar Bauhin:

Grüblingsbaum (Trüffel) hat eine Wurzel, wie ein Grübling gestaltet, welcher etwa eine Faust groß, etwa eine Hand lang, bisweilen klein, so knorrig und gesaftig mit einem zarten braunen oder rauchfarbenen Häutlein überzogen, inwendig ist sie weiß und satt.

Als botanische Seltenheit weitergereicht, als Rarität gehandelt, eroberte Solanum tuberosum langsam, aber sicher Europa. Bis sie aus den Ziergärten den Weg in die Kochtöpfe des Volkes fand, verging allerdings noch viel Zeit. Erst Mitte des 18. Jahrhunderts gelang ihr der Sprung vom Blumentopf auf den heimischen Herd. Heute ist es eigentlich kaum mehr vorstellbar, Kartoffeln wegen ihrer Schönheit im Blumenbeet zu pflanzen. Adelige Herrschaften schätzten die Knolle noch als Zierpflanze mit dekorativen Blüten, Wissenschaftler und Apotheker betrachteten sie akademisch.

Weiß ist die Blüte oder rot, und sie vergeht schnell – die melancholische Blüte der Kartoffel. Marie Antoinette trug sie im Haar. Unter der Blüte hängen die kleinen roten Fruchtkapseln. Sie bergen in sich die Erhabenheit des Himmels, wie die Knollen in der Erde die Kraft der Sonne, Samen der Götter, der Apus, die schneebedeckt stehen, seit Menschengedenken, Felsen stürzen

*steil ab, schwarz leckt die Feuchtigkeit am Steingrau
hinunter, jetzt von einer Wolke verdunkelt, vom Weiß
ins Grau, ins Schwarz, Wolken, und Wolken sind die
Knollen im Erdreich. Wie der Wind, wie der Regen,
weißer Regen, wie die Sonne, ohnegleichen, wie die
Erde, Himmel und Erde vereint, Stärke und Wasser.*
Uwe Timm, Johannisnacht, 1996

Nur ab und zu wurde in erlauchten Kreisen eine Kartoffel als besonderer Gaumenschmaus gereicht. Als
Friedrich II. 1740 den Thron von Preußen übernahm,
setzte er auf die Förderung von Handel und Wirtschaft.
Die Kartoffel stand an oberster Stelle der »Landwirt-
schaftskampagne«.

Der erwünschte Erfolg blieb jedoch anfangs aus.
Joachim Nettelbeck, preußischer Patriot und Stadtver-
walter von Kolberg, beschrieb 1821 in seinen Memoi-
ren das Dilemma mit der Knolle folgendermaßen:

*Die Bauern nahmen die Saatkartoffeln nur verwun-
dert in die Hände, rochen, leckten und schmeckten
daran, dann brachen sie sie auseinander und warfen
sie den Hunden vor, die sie gleichfalls verschmähten.*

Man erzählte sich eine ganz besondere Geschichte,
die durch List und geschicktes psychologisches Spiel
die Kartoffel nach vorn brachte, die Geschichte der
»Verbotenen Frucht«. Es heißt, Friedrich habe seine
eigenen Felder mit der Kartoffel bestellen und streng
von seinen Soldaten bewachen lassen. Und wie das mit
verbotenen Dingen so ist, sie erregen Neugier und Be-

gehrlichkeit. Denn wenn etwas kostbar genug ist, um es auf königlichen Feldern zu bewachen, dann kann es im eigenen Garten auch keinen Schaden anrichten.

Also schlichen die Bauern nachts auf die Felder und stahlen den gutbewachten Schatz. Daß keiner ertappt wurde, lag daran, daß für die Soldaten galt, nichts zu sehen. Sie hatten den geheimen Befehl, im entscheidenden Moment wegzuschauen. Diese List funktionierte. Friedrich konnte die Bauern allerdings nicht mit milden Worten und Fürsprechen allein von der Kartoffel überzeugen. Es wird erzählt, daß der König seine Fronbauern regelrecht ins »Kartoffelglück« prügelte. Er bestand auf weitflächigen Kartoffelanbau in Schlesien und Pommern. 1744/1745 wurde Solanum tuberosum kostenlos an die Bevölkerung verteilt, und 1756 wurde der erste Befehl zum obligatorischen Kartoffelanbau erlassen.

»Der König ist überall«, Gemälde von Robert Warthmüller, 1876

Im »Circular Ordres« zur Förderung des Kartoffelan-
baus heißt es: »Wo nur ein leerer Platz zu finden ist, soll
die Kartoffel angebaut werden, da diese Frucht nicht
allein sehr nützlich zu gebrauchen, sondern auch der-
gestalt ergiebig ist, daß die darauf verwandte Mühe
sehr gut belohnt wird.« Um diesem Erlaß Nachdruck
zu verleihen, schickte Friedrich Dragoner, die dafür zu
sorgen hatten, daß die Pflanzkartoffeln auch wirklich
in den Boden gelangten. Im »Kartoffel-Befehl« heißt es:

*Es ist Uns in höchster Person in Unseren anderen Pro-
vintzien die Anpflanzung der sogenannten Tartouffeln, als ein sehr nützliches und sowohl für Menschen,
als Vieh auf sehr vielfältige Art dienliches Erd Ge-
wächse ernstlich anbefohlen. Da wir nun bemercket,
daß man sich in Schlesien mit Anziehung dieses Ge-
wächses an den mehresten Orten nicht sonderlich ab-
giebet: Als habt Ihr denen Herrschaften und Unter-
thanen den Nutzen von Anpflanzung dieses Erd Ge-
wächses begreiflich zu machen, und den selben anzu-
rathen, daß sie noch dieses Frühjahr die Pflanzung der
Tartouffeln, als einer sehr nahrhaften Speise unter-
nehmen. (...)*

Günter Grass beschreibt es in seinem Roman »Der Butt«:
*Diesmal kam er von Karthaus her über die Landstraße
mit ihren Schlaglöchern, bis die Kalesche rechts ein-
bog, den Feldweg nach Zuckau langstolperte, wo das
Gesinde in den verregneten Äckern den Buckel streck-
te, während das königliche Gefährt zwischen Birken
aufkam, in einem Hohlweg verschwand, größer wie-*

*der da war, ein Ereignis, dann über Regenpfützen still-
stand, worauf hinter dem dampfenden Rappen der
rechte Kutschenschlag von innen geöffnet wurde und
mit dem Hut zuerst, den alle kannten, fürchteten und
grüßten, der alte König, zweite Friedrich, Friedericus
Rex, die Majestät, der Olle Fritz mit Stock im Rock, wie
er später auf Ölbildern gemalt wurde, ausstieg und
in den Kartoffelacker stiefelte; der Adjudant und ich,
Auguste Romeike, sein Veteran und deshalb Inspek-
tor, stiefelten hinterdrein.*

Ein tüchtiger Apotheker aus Frankreich und die erste Kartoffelsuppe

»Antoine Parmentier«, Porträt
von François Dumont, um 1810

Die Franzosen mit dem feinen Gaumen schimpften
besonders auf die Knolle, statt sie in der Speisekammer

zu lagern. Noch Mitte des 18. Jahrhunderts war die Kartoffel nicht in die Liste schmackhafter Produkte aufgenommen worden, dabei war sie bereits Ende des 16. Jahrhunderts nach Frankreich gekommen. Hier war aus der Not eine Tugend geworden. Als eine Hungersnot nahte, schrieb die Akademie der Wissenschaften einen Wettbewerb aus, der die Nahrungsmittelforschung vorantreiben sollte.

Fürstliches Paar beim Betrachten
von Kartoffelpflanzen, Kupferstich von
Johann Baptist Knackfuß, o.J.

Der Apotheker Antoine Parmentier (1737–1813) reichte seine Vorschläge ein und gewann große Anerkennung. Parmentier wußte, wovon er sprach, er hatte die Kartoffel während des Siebenjährigen Krieges in preußischer Gefangenschaft kennengelernt. Sicherlich nicht die angenehmste Weise, aber Solanum tuberosum half zu überleben. Parmentier konnte durch ein opulentes Menü die Jury überzeugen. Das Menü bestand von der Vorspeise über eine Suppe bis hin zum Dessert ausschließlich aus Kartoffeln. Insgesamt zwanzig von Parmentier erprobte Rezepte wurden vorgestellt. Wenn man heute in einem guten französischen Restaurant eine »Potage Parmentier« bestellt, wird eine Kartoffelrahmsuppe serviert. Hier das Rezept:

Kartoffelsuppe Parmentier
Die geschälten, gewaschenen Kartoffeln kleinschneiden und mit einer in kleinste Scheiben geschnittenen Zwiebel oder etwas Lauch in einer Hühnerbrühe ca. 30 Minuten garen. Salzen und pfeffern, alles pürieren, Sahne dazugeben und mit gehackten Kräutern bestreuen.

Parmentier erhielt Felder für den Anbau zur Verfügung, und langsam etablierte sich auch in Frankreich die Kartoffel. Im Laufe seines Werbefeldzuges gelang es Parmentier unverhofft, zu Ludwig XVI. vorzudringen. Der König schenkte dem fleißigen Apotheker Aufmerksamkeit und war von der Schönheit des überreichten Kartoffelstraußes entzückt. Es wurde Mode, bei Hofe Kartoffelblüten im Knopfloch zu tragen.

Vor allem aber ging ein sagenhaftes Menü in die Geschichte ein. Als 1787 in Versailles ein Hofbankett gegeben wurde, stellte Parmentier die Speisekarte wieder ausschließlich aus Kartoffelgerichten zusammen. Neben wichtigen Diplomaten war auch der damalige amerikanische Gesandte Benjamin Franklin anwesend. Die Tafel war festlich mit Kartoffelblüten geschmückt. Sympathieträger dieses Essens war eindeutig Solanum tuberosum, und selbst die verwöhntesten Gaumen konnten überzeugt werden.

Das irische Kartoffeldrama

Auf die eine oder andere Weise ging das Leben an uns vorüber, und wir litten an unserem Elend; manchmal hatten wir eine Kartoffel im Mund, manchmal nichts als süße gälische Worte.
Flann O'Brien, Irischer Lebenslauf, 1961

Es waren nicht die Preußen, die den ersten Schritt zu großflächigem Kartoffelanbau wagten. Irland kann den Ruhm, erstes »Kartoffelland« zu sein, für sich beanspruchen. Über einen Zeitraum von beinahe 200 Jahren, vom 17. Jahrhundert bis zum 19. Jahrhundert, wurde die Insel von verheerenden Hungersnöten heimgesucht, als Folge der Kriege und Machtkämpfe mit dem englischen Königshaus.

Die ersten Berichte über die Anpflanzung der Kartoffel in Irland stammen aus den Jahren 1604–1610. Etwa ein halbes Jahrhundert später, 1662, konnte auf einer Sitzung der Königlich Britischen Gesellschaft mitgeteilt werden, daß dank der Kartoffel viele Tausende in Irland dem Hungertod entkommen waren.

Irland hatte ideale Anbaubedingungen für die Kartoffel: mild, feucht und nicht zu warm. Das begünstigte
die rasche Verbreitung, und die Knolle wurde als gesundes Grundnahrungsmittel anerkannt. Der Ökonom
Adam Smith schreibt in seinem 1776 erschienenen
Buch »Der Reichtum der Nationen«:

*Die Portechaisen- und Kohleträger und die Kohlen-
schröter zu London und jene unglücklichen Weibsper-
sonen, die sich mit Unzucht ernähren, d.h. die stärk-
sten Männer und die schönsten Weiber vielleicht im
britischen Reich, kommen größtenteils ... aus Irland,
deren Hauptnahrung aus Kartoffeln besteht.*

Mitte des 19. Jahrhunderts wurde das Elend in Irland
besonders groß. Die Krautfäule vernichtete 1845–1848
beinahe die gesamte Kartoffelernte.

Die Krankheit konnte sich rasch ausbreiten, weil
kein Gegenmittel bekannt war und die Bauern größtenteils nur eine einzige Kartoffelsorte anpflanzten.
Hätte man verschiedene Sorten gepflanzt, wären vielleicht nicht alle befallen worden, und stärkere Pflanzen
hätten überlebt.

Die Inkas hatten immer gleichzeitig mehrere Sorten gepflanzt. Wenn eine Sorte es nicht schaffte und
zum Beispiel durch die Krautfäule vernichtet wurde,
war eine andere Sorte vielleicht beständiger, und so
war ein Teil der Ernte sicher. Besonders unheilvoll war,
daß auch im Jahr 1846 die Krautfäule den größten Teil
der Ernte vernichtete. Die Ernte von 1847 konnte zwar
weitgehend eingebracht werden, war aber wegen des

Mangels an Saatkartoffeln, die gegessen worden waren, zu gering. Das wiederholte sich 1848, auch damals
gab es eine Mißernte.

Das Ausmaß der Katastrophe war beispiellos. Beinahe eine Million Menschen starben in den Jahren des
»Great Famine«, des Großen Hungers. Die Menschen
verhungerten oder starben an den Folgen mangelnder
Widerstandskraft, an Krankheiten wie Typhus.

*»Hab keine Angst, bei meiner Seele!« sagte Martin
traurig, »denn es wird eine meiner Kartoffeln für dich
geben, solange wir zu Hause Schweine halten und solange ein Topf für sie kocht. Du dort«, sagte er zu mir,
»hinüber mit dir und hole eine große Kartoffel aus dem
Schweinetopf in meiner eigenen ärmlichen Hütte.«
Ich brach entschlossen auf und machte nicht eher halt,
als bis ich die größte Kartoffel im Topf sichergestellt
und an den Ort der Hungersnot gebracht hatte. Der
Mann auf dem Erdboden vertilgte gierig die Kartoffel,
und als er die Mahlzeit verschluckt hatte, bemerkte
ich, daß er sich beträchtlich von seinem schlechten
Gesundheitszustand erholt hatte.*
Flann O'Brien, Irischer Lebenslauf, 1961

Die Katastrophe ist nicht mit der biologischen Krankheit allein zu erklären. Die Struktur der Landwirtschaft
zur damaligen Zeit spielte eine wesentliche Rolle: 1841
lebten in Irland über 8 Millionen Menschen, die sich
den Besitz des Landes streitig machten und die durch
ein Erbfolgegesetz noch weiter benachteiligt wurden,
das es erlaubte, die ohnehin kleinen Parzellen immer

weiter aufzuteilen. Die Parzellen wurden weiterver-
pachtet an die ärmsten der Armen. Das Ergebnis war
eine soziale Pyramide mit dem (fast immer abwesen-
den) Landlord an der Spitze, den Pächtern, Bauern und
Tagelöhnern. Die Pacht war hoch, und kaum einem
gehörte das Land, das er bearbeitete. In den 40er Jahren waren es 3 Millionen Bauern, deren Ernährung von
einer einzigen Pflanze abhing: der Kartoffel. Kartoffeln
waren billig und nahrhaft, und eine Familie konnte auf
einem Hektar eine ausreichende Menge Kartoffeln anbauen, um sich ein halbes Jahr lang zu ernähren.

Es hatte schon vor 1840 Ernteausfälle gegeben, in
den Jahren 1846 bis 1851 erreichte die Not durch die
Krautfäule, Phytophthora infestans, einen Höhepunkt.
Die Wirtschaftspolitik der englischen Regierung trug
noch dazu bei. Der größte Teil der Ernte wurde nach
England exportiert, so daß für die irische Bevölkerung
zuwenig übrigblieb.

Noch heute finden Gedenktage in Irland statt, die
an diese Hungersnot erinnern. Die Katastrophe hinter-
ließ einen tiefen Einschnitt in der Geschichte Irlands.

Die Sache mit dem Aberglauben

Aller Anfang ist schwer. Das galt auch für die Kartoffelpflanze. Es gibt kaum eine zweite Kulturpflanze,
die so heftig umstritten war. Vor allem in den ersten
beiden Jahrhunderten nach ihrer Einfuhr hatte sie
gegen Aberglauben und üblen Nachruf zu kämpfen.

Der Aberglaube war weit verbreitet. Die Kartoffel ist ein Nachtschattengewächs, und das allein ist unheimlich genug, denn Nachtschattenpflanzen standen im Ruf, geheime Kräfte zu besitzen. Aus einer entfernten Verwandten, der Tollkirsche, wurden Narkotika gewonnen, und der Alraunenpflanze wurde nachgesagt, daß sie für Zauber- und Liebestränke gut war. Warum sollte die Kartoffel also anders sein?

Für einen schlechten Ruf sorgten auch die Ärzte. Die medizinische Praxis steckte noch in einem Wust aus Irrglauben und Quacksalberei. Schwere und unheilbare Krankheiten wurden gerne auf zu häufigen Kartoffelgenuß geschoben. Ob Lepra oder Schwindsucht, Rachitis oder Syphilis, die Kartoffel diente als Sündenbock.

Das »Wörterbuch des deutschen Aberglaubens« verzeichnet eine lange Liste von Beispielen dieses Aberglaubens. Eine Mutter, die ein Kind mit schmalem Kopf auf die Welt bringen wollte, durfte keine Kartoffeln essen. Kartoffeln darf man nicht am Montag legen, da werden sie madig. Am Gründonnerstag gesteckte Kartoffeln hingegen geraten gut, vorausgesetzt, sie werden in einer Vollmondnacht gesteckt. Wenn man die Kartoffeln gelegt hatte, so sollte man sich ein wenig an den Rand des Ackers setzen, damit auch die Kartoffel ausruhen konnte, dann trugen sie reichlicher.

Oder die böse Prophezeihung eines Todesfalles in der Familie, wenn die Pflanzen wenig bis gar kein Blattgrün tragen. Diese Vorahnung bezieht sich nur auf weiße Kartoffelstauden, nicht auf die lilafarbenen Sorten. Die meisten Mythen beziehen sich auf das

Stecken der Pflanze. Dem Mond und vor allem den Tierkreiszeichen werden hierbei allerlei Einflüsse zugeschrieben. So heißt es, daß man die Kartoffeln nicht bei Neumond stecken darf, sonst wachsen sie ins Kraut und setzen keine Knollen an. Oder aber, Kartoffeln sollte man auf gar keinen Fall im Zeichen des Steinbocks pflanzen, sonst ließen sie sich später nicht weichkochen. Zeigten sich dagegen beim Stecken der Kartoffeln große Wolken am Himmel, würden auch die Kartoffeln besonders groß. Kommt ein Kind an dem Tag zur Welt, an dem Kartoffeln gesteckt werden, dann wird die Saat keine Frucht bringen, die Kartoffeln werden ungenießbar.

»Kartoffelsammler auf dem Felde«,
Gemälde von Hermann Max Pechstein, 1921

Wie kaum eine andere Kulturpflanze hatte die Kartoffel gegen Vorurteile und bösen Leumund zu kämpfen. Die Kirche brachte die Knolle mit dem Teufel in Verbindung. Es hieß, der Teufel habe auf den Boden gespuckt und daraus sei die Kartoffel gewachsen.

Schließlich wird die Kartoffel nicht in der Bibel erwähnt, also kann sie auch nichts Gottgefälliges sein. Darum setzte sich so manches Kind nicht neben einen Mitschüler, in dessen Familie Kartoffeln gegessen wurden. Die Kirche ging sogar so weit, zu behaupten, daß die Kartoffel unziemliches Verhalten fördere. Was im nachhinein kein Wunder ist, schließlich ist die Kartoffel sehr nährstoffreich, und das fördert auch ein gesundes Liebesleben.

Der Botaniker Caspar Bauhin schreibt 1617 über den Verzehr von Kartoffeln:
Unsere Leute rösten sie in der Asche wie Trüffeln und essen sie geschält mit Pfeffer. Oder schneiden sie in Scheiben und gießen eine fette Sauce drüber und essen sie, sich zu erregen. In Wein gekocht, sind sie besonders gut und besonders hilfreich für alle die, die die Blüte ihrer Jahre überschritten haben.

In der Volksmedizin benutzte man die Kartoffeln, um Warzen zu beseitigen. Man rieb die Warze mit einer Kartoffelscheibe ein und legte diese an einen Ort, an dem weder Sonne noch Mond schienen.

Weit verbreitet war die Sorge, daß Kartoffeln Dummheit verursachten. Der Aberglaube war durch den anfänglich falschen Verzehr der grünen Beeren anstelle der Knollen gefördert worden. Die Beeren führen aufgrund des hohen Solaningehalts zu Vergiftungen und Magenbeschwerden. Es gab auch Leute, die die Blätter, also das Kartoffelkraut, verarbeiteten wie Blattspinat.

Es muß grauenhaft geschmeckt haben und dürfte der Verdauung nicht eben gut bekommen sein. Aber woher sollte man es auch besser wissen? Pflanzen blühten, und aus diesen Blüten entstanden die Früchte, wie zum Beispiel beim Apfel. Leider funktionierte der Analogieschluß vom Apfel zum Erdapfel nicht. Wer es besser wußte, hatte bereits den Wert der Kartoffel erkannt und schwor auf ihre Heilkräfte. Man trug eine Kartoffel um den Hals oder in der Tasche und hoffte so, den Rheumatismus heilen zu können. Das soll übrigens auch bei Zahnschmerzen geholfen haben, vorausgesetzt, man trug die Kartoffel auf der richtigen Seite.

In Irland werden noch heute besondere Regeln für das Kartoffelstecken beachtet. Karfreitag gilt als ein bevorzugter Kartoffelpflanztag, unabhängig, ob Ostern im März oder erst im April des Jahres gefeiert wird.

Die Kartoffel rang um Anerkennung und hatte anfangs wenig Glück. Bei den Franzosen war sie als Schweinefutter verschrien und galt als ungenießbar. Als Teufelswurzel war der Ruf dahin. Um dieses beschädigte Image wieder aufzubessern, mußten sich ihre Befürworter noch einiges einfallen lassen.

Graf Rumford oder Was hat die Kartoffel mit dem Englischen Garten zu tun?

Schön rötlich die Kartoffeln sind
Und weiß wie Alabaster,
Verdaun sich lieblich und geschwind
Und sind für Mann, Frau und Kind
(Geschweige denn für Schwein und Rind!)
Ein rechtes Magenpflaster.
Matthias Claudius, Noth- und Hilfsbüchlein, 1789

Nicht viele wissen, daß wir heute nur deswegen im Englischen Garten flanieren oder sonnenbaden können, weil es die Kartoffel gibt. Denn Solanum tuberosum kann sich den Verdienst zuschreiben, Wegbereiter für öffentliche Parkanlagen gewesen zu sein.

Hinter allem steht ein sehr engagierter junger Mann: Benjamin Thomson, der spätere Reichsgraf von Rumford. Er kümmerte sich besonders um die Armen und war auf der Suche nach einem Mittel gegen den Hunger. Der Graf, späterer Kriegsminister und Sozialreformer, war so etwas wie ein Universalgenie.

Im Rahmen seines Studiums hatte er sich lange den ernährungswissenschaftlichen Problemen zugewandt und eben ganz besonders der importierten Knolle mit den schönen Blüten. Er fand heraus, daß die Kartoffel die ideale Nahrung für große Bevölkerungsgruppen war. Sie war leicht anzupflanzen und leicht zu ernten. Außerdem war sie widerstandsfähiger als Getreide. Alle Zeichen standen auf Industrialisierung. Graf Rumford setzte beim Militär mit dem »Kartoffelfeldzug« an.

Im Marschland westlich der Isar wurden sogenannte »Militärgärten« angelegt. Die Garnison sollte zum Selbstversorger werden.

Den Anfang machte die Kartoffel als frisches Gemüse. Womit wir wieder beim Flanieren im Englischen Garten wären. Denn aus diesen »Militärgärten« entstand später der erste Volksgarten der Welt. Offizielle Datierung hierfür ist das Jahr 1789.

Es herrschten ganz eigene Regeln in den Militärgärten. Egon Larsen beschreibt sie in seinem Buch »Graf Rumford – ein Amerikaner in München«:

Er ließ jede Garnison ein eigenes Kartoffelfeld anlegen und stellte Saatkartoffeln gratis zur Verfügung. Die Felder wurden in Parzellen eingeteilt und der Obhut einzelner Soldaten übergeben, so daß sie sich mit der Kartoffel vertraut machen und sie später auf ihren eigenen Bauernhöfen anpflanzen konnten. Jeder Soldat und Unteroffizier erhielt eine Kartoffelparzelle von 365 Quadratfuß im Militärgarten überantwortet. Diese Parzelle blieb während seiner Dienstzeit im Regiment sein Eigentum, und er konnte mit ihrem Ertrag machen, was er wollte. Bedingung war jedoch, daß er die Parzelle gut instand hielt. Zwischen den einzelnen Parzellen wurden Kieswege angelegt, die jedem Spaziergänger offenstanden, der an den interessanten Szenen des Fleißes Vergnügen fand.

Graf Rumford soll einmal über seine Ziele und Beweggründe gesagt haben: *Fast jeder Soldat, der auf Urlaub geht oder nach Ablauf seiner Dienstzeit in seine Hei-*

math zurückkehrt, nimmt gewiß einige Kartoffeln zum Pflanzen und einige Gartensämereyen mit nach Hause, und ich hoffe, dass in wenigen Jahren der Anbau der Kartoffeln allgemein seyn wird, als in anderen Ländern.

Damit sollte er recht behalten. Auch ihm gelang es durch psychologisches Geschick, die Kartoffel gesellschaftsfähig zu machen.

»Graf Rumford«, Porträt
von Thomas Gainsborough

Graf Rumford vollbrachte aber noch eine weitere gute Tat. Er kreierte eine Armenspeise, die unter dem Namen »Rumfordsuppe« bekannt geworden ist. Hauptbestandteil sind natürlich Kartoffeln. Das sollte man aber nicht merken, denn noch war die Kartoffel als

Viehfutter verschrien. Also mußte die Suppe so lange kochen, bis von den Knollen nicht mehr viel übrigblieb.

Graf-Rumford-Suppe
Nach einer mehr als fünfjährigen Erfahrung, welche mir die Verköstigung der Armen zu München gewähr-te ... ergab sich, daß die wohlfeilste, schmackhafteste und nahrhafteste Speise eine Suppe war, die aus Ger-stengraupen, Erbsen, Kartoffeln, Schnitten von feinem Waizenbrod, Weinessig, Salz und Wasser (in gehöri-gen Verhältnissen) bestand.
Das Wasser und die Gerstengraupen werden zusam-men mit den Kartoffeln in einen Kochkessel gegeben und zum Kochen gebracht; dann werden die Erbsen hinzugetahn, und das Kochen wird über mäßigem Feuer zwei Stunden fortgesetzt. Während dieser Zeit wird die Flüssigkeit im Kessel fleißig mit einem hölzer-nen Löffel gerührt, um die Kartoffeln gänzlich zu zer-reiben und die Suppe zu einer gleichmäßigen Masse zu machen. Sobald dies geschehen ist, werden Wein-essig und zuletzt, wenn die Suppe aufgetragen wer-den soll, eine Brodschnitte hinzugetahn.

Der Weg nach Osten oder Was ist eigentlich Wodka?

Auf dem Weg nach Osten machte die Kartoffel einen ersten Halt im Jahre 1676 in Polen. Rußland machte gut 20 Jahre später ihre Bekanntschaft. Zar Peter I. war es, der die Kartoffel von einer Reise nach Westeuropa in sein Land brachte. Er führte neben anderen westlichen Reformen, etwa im Militär oder im Schiffsbau, auch Solanum tuberosum am Hof in St. Petersburg ein. Von da an hatte die Kartoffel einen festen Platz auf der Speisekarte des Zaren. Wieder war es ein Krieg, der die Verbreitung der Kartoffel vorantrug. Mit dem Siebenjährigen Krieg, ab 1756, kam die Kartoffel in Rußland unter das Volk. Auch hier wurde sie Speise der Armen.

Nach und nach wurden immer mehr Nutzungsmöglichkeiten entdeckt. Kaum hatten die Hausfrauen die Kartoffel in ihre Töpfe gelassen, da wurde von den Männern auch schon Kartoffelschnaps gebrannt. Zu Beginn des 19. Jahrhunderts erreichte die Schnapsbrennerei ihren Höhepunkt. In Berlin vermehrten sich die Schnapskneipen zwischen 1800 und 1819 von 150 auf stolze 567.

Die Russen haben aus der Kartoffel ihr Nationalgetränk Wodka gemacht. Wodka heißt nichts anderes als Wässerchen. Dieses Wässerchen ist Trinkbranntwein mit mindestens 37,5% Alkohol. Die Kartoffeln werden in einem speziellen Verfahren destilliert und gebrannt.

Wodka ist im allgemeinen anerkannter als bloßer Kartoffelschnaps, das liegt mit Sicherheit nicht nur am verwegenen Klang, sondern es gibt große Qualitätsunterschiede, und die Russen haben eben das beste Wässerchen gebrannt.

In Deutschland werden etwa eine halbe Million Tonnen Kartoffeln jedes Jahr zu Alkohol verarbeitet.

Ein kleines Wunder der Naturheilkunde oder Wachsen Kartoffeln auf Bäumen?

Eigentlich ist die Kartoffel nichts anderes als das verdickte Endstück eines unterirdischen Sproßteils, der der Pflanze als Reservespeicher dient; ihre Form ist meist rund, auch oval, die Farbe variiert von Hellgelb bis Fliederrot. Die Kartoffel gehört zu den Nachtschattengewächsen, wie zum Beispiel auch die Tomate, die Paprika oder der Tabak.

Die Knolle hat 200 verschiedene Inhaltsstoffe. An erster Stelle steht das Wasser, gefolgt von Stärke, Eiweiß, Mineralien und einem hohen Anteil an Vitaminen. Den Vitaminen und Mineralstoffen sollte man etwas mehr Aufmerksamkeit schenken: Eine Kartoffel enthält fast soviel Vitamin C wie ein Apfel. 100 g geschälte Kartoffeln enthalten: 1,1 g Mineralstoffe, davon 523 mg Kalium, 60 mg Phosphor, 20 mg Kalzium, 19 mg Natrium und 0,8 mg Eisen. Außerdem die Vitamine B1, B2, B6 und 12–17 g Kohlehydrate sowie 1,1–2,5 g Eiweiß. Das Kartoffeleiweiß ist als biologisch hochwertiges Eiweiß anzusehen und mit dem in Fisch, Fleisch, Eiern und Milch zu vergleichen. All das sieht man diesem hübschen, kleinen, knolligen Oval gar nicht an, nicht wahr?

Die Andenvölker hatten die Heilkräfte der Kartoffel ja bereits erkannt. Heute hat Solanum tuberosum einen festen Platz in der Naturmedizin. Als Hausmittel hat sie sich bewährt. Umschläge aus heißen Kartoffelkompressen wirken oft kleine Wunder bei Halsschmerzen. Wer an Durchfall leidet, sollte ungesalzenen

Kartoffelbrei essen. Der Kartoffelsaft ist als magen-
stärkendes Mittel bekannt. Die Kartoffel ist reich an
Kalium, das entwässernd wirkt, deshalb ist die Kartoffel bei Entschlackungskuren besonders beliebt.

Dem äußeren Anschein nach macht die Kartoffel
erst einmal nicht viel her. Sie wächst unter der Erde,
bevorzugt kräftigen, satten Boden, dunkel muß es sein,
ein bißchen feucht und nicht zu warm. Auf Sonne rea-
giert Solanum tuberosum allergisch – sie wird grün
und giftig. Ist es der Knolle allerdings zu kalt, bekommt
sie bei jedem Stoß einen Fleck. Wird sie zu warm gelagert, könnte sie das als Frühling mißverstehen und
austreiben.

Aus ihren hübschen, zugegeben recht eigenwilligen Augen wachsen die Triebe, aus denen sich dann
die Knollen bilden. Die neuen Triebe erhalten ihre
Nährstoffe zunächst aus der Mutterkartoffel, bis sie
eigene Blätter über der Erde bilden.

Setzt man eine Kartoffel in einen dunklen Kasten,
baut ein Labyrinth um die Knolle und zeigt den Aus-
gang durch Licht, so kann man Erstaunliches feststel-
len. Die Keime finden den kürzesten Weg durchs
Labyrinth, als wären sie mit feinen Sensoren ausge-
stattet oder als hätten sie tatsächlich Augen, die das
Licht sehen und so den Weg finden könnten.

Die wilden Verwandten der Kartoffel in den Hoch-
anden von Peru wachsen auf Bäumen, sie hangeln sich
sozusagen von Ast zu Ast. Dank ihrer vegetativen Ver-
mehrung brauchen sie keine Bienen und in diesem
Falle auch keinen Boden unter den Wurzeln. Es gibt
weltweit rund 5000 verschiedene Sorten, und manche

ist vielleicht noch gar nicht entdeckt. Die eigentlichen Früchte der Kartoffelpflanze sind die grünen kirschgroßen Beeren, sie spielen bei der Zucht eine wichtige Rolle. Der Mensch hat fleißig gezüchtet und all seinen Ehrgeiz in schöne neue Sorten gesteckt. Gelb sollte das Fleisch leuchten, glatt die Schale sein, und aus möglichst wenigen Augen sollte sie schauen.

Daß der Mensch versucht, die Natur zu verbessern, ist nichts Neues. Schenkte man anfangs vor allem der Knollenform, dem Ertrag, der Speisequalität und dem Stärkegehalt besondere Aufmerksamkeit, wurde später die Züchtung von widerstandsfähigeren Kartoffeln immer wichtiger. Denn wohin Monokultur und Schädlingsbefall führen können, zeigt neben den Hungersnöten in Irland auch der sogenannte »Kohlrübenwinter« 1916/1917 in Deutschland. Während dieser Zeit wurden in Deutschland ca. 50 Millionen Tonnen Kartoffeln geerntet, die Kraut- und Rübenfäule hatte das Ernteaufkommen halbiert. Man schätzt, daß dieser Hungersnot etwa 500000 Menschen zum Opfer fielen.

Bis Mitte des 19. Jahrhunderts war der Kartoffelanbau relativ sicher. In Europa kam die Kartoffel, abgesehen von virusbedingten Anbaukrankheiten, kaum mit anderen Krankheiten und Schädlingen in Berührung. Eine Fülle von Farben und Formen entstand, Fortschritte beim Ertrag, der Speisequalität und dem Stärkegehalt wurden erzielt.

Neue Kreuzungen sollten die verlorenen Eigenschaften der ursprünglichen Knollen ersetzen und sie widerstandsfähiger machen. Botaniker gingen immer wieder auf sogenannte Sammelreisen. In den Wäldern

Südamerikas suchten sie nach unbekannten Wildsorten. In Rußland, Großbritannien, Deutschland und anderen Ländern entstanden Genbanken, um die Sorten zu erhalten und Solanum tuberosum näher zu erforschen.

Ein Beispiel vom Umfang der Kartoffelvielfalt in einer Genbank ist Groß Lüsewitz in Mecklenburg-Vorpommern, dort stehen insgesamt 5437 verschiedene Muster, darunter 2902 Neuerwerbungen von 148 Arten wilder und kultivierter Kartoffeln aus Mittel- und Südamerika unter ständiger Kontrolle. Als In-vitro-Kultur werden davon 2033 Muster gehalten.

Kartoffelzüchtung im Reagenzglas, In-vitro-Kulturen

Das ist ein spezielles Verfahren, um die Kartoffelpflanze »lebend« zu erhalten, ohne sie aber auf den Feldern anzubauen.

Die Kartoffeln werden im Reagenzglas herangezüchtet, bis die Pflanzen Früchte tragen. Diese werden dann, wie bei der normalen Pflanzung, abgenommen und erneut eingepflanzt. So ist sichergestellt, daß auch alle Erbinformationen der Mutterpflanze erhalten bleiben. Gleichzeitig wird eine Viruskontrolle durchgeführt, denn wenn sich Keime einschleichen, könnte das zur Folge haben, daß eine seltene Verwandte unserer gemeinen Kartoffel ausstirbt.

Die heutigen Sorten sind größtenteils Nachkommen von Kombinationen zwischen kultivierten und Wildkartoffeln. Durch Kreuzung sind die Erbanlagen immer mehr bereichert worden. Einem Verlust an Vielfalt bei äußeren Knollenmerkmalen (zugunsten gleichmäßiger, formschöner Knollen) steht der Gewinn einer großen Anzahl neuer Qualitäts- und Resistenzeigenschaften gegenüber.

Vor einiger Zeit wurde bekannt, daß das wohl größte Kartoffelarchiv der Welt vom Verfall bedroht ist. Es steht in St. Petersburg. Auch dort trugen Forscher über die Jahrhunderte Tausende von Arten zusammen. 2600 Sorten aus den Anden, über 190 russische Sorten und an die 2500 exotische Wildsorten. Sie bilden einen einzigartigen Genpool. Doch das Archiv ist in einem desolaten Zustand. Den Erdäpfeln mangelt es an ordentlicher Wasserversorgung und an guten Böden. Durch zerbrochene Scheiben dringen Seuchen ein, und schlechte Belüftung läßt die Kartoffeln dahinrotten. Die russische Regierung kann sich die Personalkosten angeblich nicht mehr leisten. Wissenschaftler der amerikanischen Cornell-Universität wollen jetzt die einzigartige Sammlung von über 10000 Sorten retten.

Es wäre nicht die erste Rettungsaktion für die Knollen: Während der Belagerung des damaligen Leningrad durch die deutsche Wehrmacht waren die kostbaren Früchte in ein Krankenhaus ausgelagert worden. Damals sollen sogar Patienten Stühle verbrannt haben, um die Knollen-Kollektion vor dem Erfrieren zu retten. Kartoffeln bedeuteten Überleben.

Da wir gerade bei außergewöhnlichen Forschungsergebnissen und langen Reisen sind, soll auch erwähnt werden, daß die Kartoffel im Oktober 1995 die erste Feldfrucht im All war. Die NASA und die University of Wisconsin Madison sind dabei, eine Anbautechnologie zu entwickeln, die es Astronauten ermöglicht, über längere Zeit im All zu bleiben.

Der Weg zurück. Solanum tuberosum wieder zu Hause

Damit die Anwendung von Pestiziden vermindert werden kann, ist »Resistenzzüchtung« ein wichtiger Beitrag für eine umweltschonende Kartoffelproduktion. Wie wichtig aber auch die Erhaltung der Sortenvielfalt ist, zeigt ein Beispiel aus Peru. In den sechziger Jahren des 20. Jahrhunderts begann die sogenannte »grüne Revolution«.

Die einst von Peru kommende Kartoffel sollte nun, da sie bereits mehrfach umgezüchtet und überarbeitet worden war, zurück in die Dörfer der Anden gebracht werden. Entwicklungsprojekte brachten Saatgut, Düngemittel und Pestizide bis in die entlegensten Orte. Dort sollte nach westlichem Vorbild modernisiert werden. Ein nobler Vorsatz, nur ist die Kartoffel sehr eigen in ihren Gewohnheiten. Hochgezüchtet, wie sie war, ist sie zum Sensibelchen geworden. Die Entwicklung zeigt, daß unsere auf Hochleistung gezüchteten Kartoffeln viele Eigenschaften verloren haben, um in ihrem Ursprungsland gedeihen zu können. Viele dieser Sorten brauchen mehr Wasser als die einheimischen, und vor allem die starken Klimaschwankungen machen ihnen sehr zu schaffen.

Mit der Einführung neuer Sorten aus Europa kam die Abhängigkeit von Chemikalien. Um die Ernte zu sichern und die Familie ernähren zu können, kauften die Bauern teures Düngemittel und schädliche Pestizide von den Großhändlern in Lima. Die Chemikalien sind teuer und dazu eine große gesundheitliche Belastung für die Bauern, die das Gift oft mit bloßen Händen über die Felder streuen. Der regelmäßige Einsatz von Gift hat die Bodenqualität verschlechtert, und mit den Jahren gingen die anfangs höheren Ertragszahlen zurück. Die Abhängigkeit der Bauern von den Großhändlern ist immer größer geworden, ein verheerender Kreislauf, der für viele in Verelendung endet. Die Kartoffel ist eine Fremde in ihrem eigenen Land geworden. Heute besinnt man sich wieder mehr auf die Erhaltung der traditionellen Sorten und auf traditionelle Formen der Landwirtschaft. Auf Märkten werden alte Sorten unter den einzelnen Dorfgemeinschaften getauscht, um so eine gesunde Sortenvielfalt zu erhalten. Nicht alles Neue ist auch deshalb schon besser. Solanum tuberosum verdient, mit Respekt behandelt zu werden, die alten, etwas runzligen Ahnen nicht anders als die neuen Schönen.

Kleine Galerie der Schönsten

Rosina

Das Bamberger Hörnchen

Die Französische Rose

Die rote Desireé

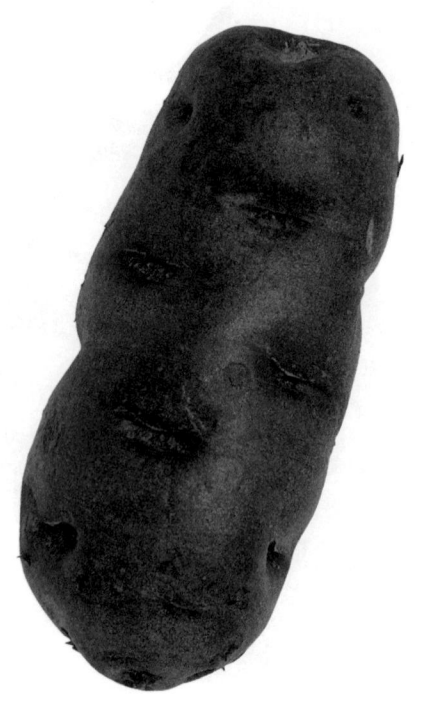

Die violette Pachamama

Sieglinde

Per Steckbrief gesucht:
kleiner Käfer, großes Unglück

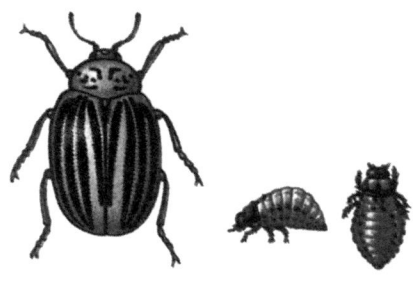

gelbschwarzer Kartoffelkäfer, Leptinotarsa decemlineata,
etwa 1 cm lang

Die Kraut- und Knollenfäule verwandelt blühende
Kartoffelfelder in trostlose Wüsten, was bleibt, sind
zu einer schleimigen, ungenießbaren Masse mutierte
Knollen. Mit infizierten Saatkartoffeln kann ein Drama
seinen Lauf bestimmen, das ungeahnte Ausmaße an-
nimmt.

Die Liste derer, die Solanum tuberosum Ärger
bereiten, ist lang: Blattläuse, Viren, Pilze, Bakterien
können ihr zu schaffen machen und sie vernichten,
ohne daß sie etwas dagegenzusetzen hätte.

In Deutschland ist wohl der kleine gelbe Käfer mit
den rasanten schwarzen Streifen am bekanntesten.
Ganze Heerscharen von Arbeitern zogen bis in die
siebziger Jahre des 20. Jahrhunderts über die Felder,
um die Pflanze von dem Ungetier zu befreien.

Die Kinder bekamen schulfrei, um auf dem Feld zu helfen. Kartoffelferien ist ein fester Begriff aus dieser Zeit.

Oft wird behauptet, die Amerikaner hätten den Käfer im Krieg als biologische Waffe eingesetzt, um die Ernten zu zerstören. Allerdings war der Schädling mit dem eigentlichen Namen Colorado-Käfer Anfang des 18. Jahrhunderts längst auf dem Schiffsweg nach Deutschland gekommen. Alarmierende Berichte im Herbst 1874 aus Nordamerika über den Schaden durch den Colorado-Käfer führten sogar zu einem Einfuhrverbot von amerikanischen Saatkartoffeln nach Deutschland.

Im Auftrag des Königlich Preußischen Ministeriums für landwirtschaftliche Angelegenheiten wurde ein Steckbrief des Widerlings gedruckt. Er zeigte den Käfer von allen Seiten und machte auf die von ihm ausgehenden Gefahren aufmerksam. Man mußte in Deutschland mit der ersten großen Plage rechnen.

Ein einziger Käfer, der über das Feld marschiert, kann verheerende Folgen haben. Er vermehrt sich schnell, und die Larven sind unersättlich. Im Nu haben sie eine Kartoffelpflanze verputzt und nichts als kahle Stengel zurückgelassen.

Obwohl der Käfer stark bekämpft wurde, gelang es ihm, sich immer weiter durchzuschlagen; wo die Kartoffel war, war bestimmt auch bald der Käfer. Und wo einer ist, sind auch viele. Ein Käfer-Weibchen kann im Laufe eines Sommers bis zu 2400 Eier legen, nach fünf bis zehn Tagen schlüpfen dann die gefräßigen Kleinen und machen sich über die Kartoffelfrucht her. Gegen den Käfer ist die Kartoffelpflanze alleine wehrlos, nur Gift kann helfen, und das wiederum macht auch ihr ganz schön zu schaffen. Landwirte und Forscher züchten fleißig an starken Kartoffelpflanzen, denen das Gift nichts anhaben kann.

Fürst Bismarck und die schöne Linda – eine kleine Sortenkunde

Der Tisch war gedeckt mit dem restlichen Silber, das noch nicht beim Bauern gegen Lebensmittel eingetauscht worden war. Alle saßen und warteten. Es duftete nach gebratenen Zwiebeln, sogar nach gebratenem Speck, denn meine Mutter hatte die Pfanne mit einer Speckschwarte ausgewischt. Es war ein Festessen, auch Frau Scholle und Frau Söhrensen, bei denen wir damals einquartiert waren, saßen am Tisch. Onkel Heinz bekam als erster ein, zwei Bratkartoffeln auf den Teller geschoben. Er kaute vorsichtig, schmeckte, ein Schmecken, wie man es vom Weintrinken kennt, eine sanfte Bewegung des leicht geöffneten Mundes, ein nach innen gerichtetes Horchen. Er zögerte, wiegte den Kopf, nachdenklich, regelrecht grüblerisch, also bekam er noch zwei Scheiben auf den Teller. Nochmals die feinen Kaubewegungen. Der Vater fragte ungeduldig: Na? Onkel schluckte, bedächtig, und dann nach einem kleinen Zögern sagte er: Das ist die Fürstenkrone!
Uwe Timm, Johannisnacht, 1996

Mittlerweile hat es der Mensch zu ganz erstaunlichen Züchtungen gebracht. Desirée hat ansprechende, Renate ausgewogene Formen. Zum Anmachen eignet sich die hübsche Selma, mit ihren flachen Augen und der schönen Haut entspricht sie dem Idealmodel. Auch Linda mit der tiefgelben Fleischfarbe ist sehr verlockend. Adretta ist eine Eintopfspezialistin. Nicola ist fein in Form und Geschmack. Leyla ist absolute Spitze.

Das Bamberger Hörnchen – trotz der eigenwilligen krummen Form – eine wahre Delikatesse. Dieses Hörnchen ist klein, länglich und hat charmante Ausbuchtungen. Ein Bamberger Hörnchen verhält sich zum Rest der Kartoffeln wie ein Grand Cru zu einem einfachen Landwein. Ein Koch, der etwas auf sich hält, serviert nicht einfach Kartoffeln, sondern Bamberger Hörnchen. Im Jahre 1998 wurde diese Sorte zur Kartoffel des Jahres gekürt.

Die teuerste Kartoffel der Welt ist eine wahre Kostbarkeit. Sie ist eine reine Dessertknolle von kaum dreieinhalb Zentimeter Durchmesser. Wachsen tut sie ausschließlich auf der kleinen Atlantikinsel Noirmoutier. Sie wird mit Seetang gedüngt, das gibt ihr einen einzigartigen milden Geschmack. Geerntet werden kann diese Rarität nur mit bloßen Händen, sie muß vorsichtig gepflügt werden. Diese eigentümliche Snobistin, mit dem schönen Namen *La Bonnotte*, hat auf einer Versteigerung vom Pariser Auktionshaus Drouot im Jahre 1996 den stolzen Kilopreis von 3000 Francs eingebracht, was vor allem an den knappen Vorräten liegt. Nur 40 Tonnen dieser erlesenen Sorte werden jährlich geerntet.

Wer einer Kartoffel lange in die Augen schaut, wird in ihren Bann gezogen, behauptete Günter Grass einmal. Er widmete dem kleinen Oval in einem Interview folgende Lobeshymne:

Naja, es ist ihre Form, diese individuelle Ausbildung. Die Augen, die sie hat, die gestochen werden müssen, sie hat eine Art Physiognomie, man kann ihr einiges ablesen, und gelegentlich sind Kartoffeln, wenn sie nicht der Brüssler Norm entsprechen, also nicht langweilig werden, unterhaltsam und lustig.

Es gibt unterschiedliche Kategorien, nach denen wir Kartoffeln einordnen. Zuerst sind da die »festkochenden«. Sie eignen sich besonders für Salate. Sie sind feinkörnig, fest, das Fruchtfleisch ist feucht.

Dazu gehört die gute alte Sieglinde, eine der ältesten deutschen Kartoffelsorten, die besonders früh im Jahr auf dem Markt ist. Sie behält beim Kochen ihre Form und ihre schöne gelbe Farbe. Ihr feinmilder Geschmack macht sie zu einer beliebten Sorte in der Gastronomie. Weiter mit Selma, besonders beliebt bei den Bayern. Eine längliche Knolle, die sich durch flache Augen und eine glatte Schale auszeichnet.

Was die Selma für die Bayern, das ist die Hansa für die Norddeutschen. Hansa schmeckt nicht nur gut, sie hat auch gute Lagereigenschaften. Sie kann bis zum Juni des nächsten Jahres aushalten.

Dann gibt es »vorwiegend festkochende« Kartoffeln. Diese Sorten eignen sich eigentlich für alles. Ihre Konsistenz ist besonders locker, aber sie bleiben auch noch beim Kochen fest. Liu ist eine davon. Sie wird gerne in den östlichen Bundesländern verspeist. Sie hat eine rund-ovale Form mit genetzter Schale und kräftiges gelbes Fleisch.

Eine der bekanntesten in dieser Gruppe ist die Desirée. Sie fällt durch ihre leicht rötliche Schale auf, unter der sie ein hellgelbes Fruchtfleisch verbirgt. Sie wird überwiegend in Süddeutschland angebaut, hat aber insgesamt einen großen Verbreitungsraum.

Die dritte Kategorie sind die »mehligen« Kartoffeln, sie sind eher trocken und in sich feinkörnig. Sie werden gerne für Klöße und Kartoffelpüree verwendet. Zu dieser Kategorie gehört die Likaria. Eine Sorte mit kräftigem aromatischem Geschmack, die sehr trocken ist. Etwas milder dagegen ist die bekannte Aula. Sie hat besonders große Knollen und eine tiefgelbe Fleischfarbe.

Es ist schwierig, den Geschmack einer Kartoffelsorte zu benennen. Wie schmecken Kartoffeln? Nussig, kräftig, mehlig, erdig? »Kartoffelig« wird gerne benutzt. Aber was heißt das?

Die üblichen Zuordnungen wie süß, sauer, bitter fallen weg. Kartoffeln schmecken eben nach Kartoffeln, und was das für jeden einzelnen heißt, das muß er selbst herausfinden.

Die Kartoffelnamen sprechen für die Phantasie ihrer Züchter. Da gibt es Fürst Bismarck, dann die Auguste Victoria oder die Französische Rose, Vater Rhein und den Blauen Riesen, die Gelbe Alma, die Epikur oder die Piroschka. Warum bei den Namen oft Frauennamen ausgewählt werden, dafür haben die Kartoffelzüchter keine plausible Erklärung. Die Namen sind wohl auf persönliche Vorlieben zurückzuführen. Die Liste der zugelassenen Kartoffelsorten für Europa ist lang, sie enthält etwa 600 Namen.

Auch in Farbe und Form hat Solanum tuberosum einiges zu bieten. Von Hellgelb bis zu Dunkelrot reicht die Palette, von kreisrund bis zur Bananenform. Violetta zum Beispiel hat eine rote Schale und blaues Fruchtfleisch in der Form eines schönen Ovals. Immer häufiger findet man auf Märkten auch alte Sorten.

Der Kartoffelzüchter Gernot Riedel aus Bremen stellt auf dem Markt seine Sorten aus. 35 an der Zahl und jede anders. Ein wahrer Augenschmaus. Kartoffeln wie diese sind nicht im Handel zu bekommen, es sind Liebhabersorten. Kartoffelzüchter sind ähnlich wie Rosenzüchter. Da werden Sorten untereinander getauscht und die Ergebnisse ausgestellt. Für Freunde des Hauses wird dann auch mal ein spezieller Kartoffeltag eingerichtet.

Die größte Kartoffelbörse befindet sich übrigens in Amsterdam. Dort sitzt sozusagen die Zentrale, die die Kartoffelverbreitung kontrolliert. Hier werden alle Sorten gehandelt, Preise festgelegt und Sorten bekanntgemacht. Der Pro-Kopf-Verbrauch in Deutschland von Kartoffeln betrug im Jahr 2000 ca. 70 Kilogramm.

*... doch leicht fällt es mir, Amandas Aussehen ins Bild
zu bringen: Sie hatte ein Kartoffelgesicht. Genauer:
die Schönheit der Kartoffel feierte in ihrem Gesicht
Alltag. Nicht nur das Knollige an Amanda, auch ihre
Haut insgesamt hatte jenen erdigen Glanz und Schim-
mer von greifbarem Glück, der matt auf gelagerten
Kartoffeln liegt. Und weil die Kartoffel zuallererst
große umlaufende Form ist, verhielten sich ihre Augen klein und waren, ohne von starken Brauen betont
zu sein, ringsum schwellend gebettet.*
Günter Grass, Der Butt, 1977

Die literarische Kartoffel

Die Kokosnuß erzählt von hohen Palmen,
Romanzen aus der Tropenkolonie.
Wenn hier daheim Kartoffelpuffer qualmen.
– Das nenn ich Weihrauch – das ist Poesie!
Unbekannte Herkunft

Der deutsche Name »Kartoffel« leitet sich von »tartu-fuli«, Trüffel, ab. Dieser Begriff geht aufs Italienische zurück, dort wurde die Knolle respektvoll »tartufo« oder auch »tartufolo« genannt. Wissenschaftlich hieß die Inka-Knolle zunächst »Papa peruanorum« oder »hispanorum« oder »indicum«.

Erst Ende des 16. Jahrhunderts erhielt sie den wissenschaftlichen, bis heute gültigen Namen »Solanum tuberosum«. In Mundart und Umgangssprache findet man bis heute zahlreiche Ausdrücke für die Kartoffeln: Erdschocken, Karunken, Polanzen, Grundbirnen, Krumbeeren, Bodenbirnen, Erdäpfel, Erdbohnen, Erdmorcheln, Erdkästen bis Pataten und Pantüffeln. In Spanien wird die Kartoffel »patata« genannt. Von dem spanischen Wort »patata« leitet sich auch das englische »potato« ab.

Viele haben sie gepriesen. Karl Friedrich Freiherr von Rumohr vermerkte in seinem Kochbuch »Geist der Kochkunst«: *Auch die Kartoffel wurde gern besungen, und das gewiß nicht ohne Rücksicht auf ihre rundlichen, dem Schönheitssinne zusagenden Formen.* In den beiden Hauptstücken der deutschen Prosa rund um Solanum tuberosum heißt es: *Schön rötlich die Kar-*

toffeln sind und weiß wie Alabaster. Das schrieb anno 1783 Matthias Claudius und empfiehlt sie als »wahres Magenpflaster«. Später, im Jahre 1798, schreibt ein anderer, kein Geringerer als der Dichter der »Schönen Luise« und Homer-Übersetzer Johann Heinrich Voss: *Oh, die schön gegerbten Knollen, weiß und rot und dick geschwollen.*

Das Auftreten einer Nutzpflanze in Kunst und Literatur entspricht meist der Bedeutung, die sie in der Wirtschaft und als Nahrungs- und Genußmittel erlangt hat. Solanum tuberosum hat auf europäischem Boden Fuß gefaßt. Es dauerte bei der Kartoffel weit über ein Jahrhundert, bis sie von einer botanischen Kuriosität fürstlicher Gärten über die Hausgärten zu einer anerkannten Ackerfrucht wurde. Kartoffeln und »arme Leute« gehören erst seit Beginn des 19. Jahrhunderts, seit der Industriellen Revolution, zusammen.

Fragt der Lehrer beim Schulausflug: »Zu welcher Familie gehört die Kartoffel? Nun, Fritze?« – »Zur Arbeiterfamilie, Herr Lehrer.«

Carl Zuckmayer, bringt die Kartoffel mit dem Geruch von Erde und Arbeit zusammen.

Wenn du Kartoffeln oder Spargel ißt,
Schmeckst du den Sand der Felder
Und den Wurzelsegen,
Des Himmels Hitze und den großen Regen,
Die kühlen Wasser und den warmen Mist.

Das Kartoffelfeuer – das Abbrennen von trockenen Kartoffelpflanzen bei der Ernte auf dem Feld – hat einen eigenen Platz in der Poesie, oft mit Wehmut beschrieben und in der Erinnerung an die Jugendzeit.

Ihr Kartoffelfeuer der Jugend ... der bittere, weiße, geliebte Rauch, der letzte Herbst, schrieb Erich Maria Remarque 1931 in »Der Weg zurück«.

Im Buchenwald, am Seerand, da war eine Ecke,
von Weiden umwuchert, von Dornen geschützt.
Wir brieten im sicheren Räuberverstecke uns dort
Kartoffel, die wir stibitzt.
Hermann Löns, Kartoffelfeuer, etwa 1914

Wer schon einmal am knisternden Lagerfeuer gesessen und von köstlich duftenden und in der Asche gegarten Erdäpfeln gekostet hat, wird das Erlebnis nie vergessen: ein romantisches Festessen, früher ein Ritual am Ende eines Erntedankfestes.

Heute wird das Feuer eher selten mit dem trockenen Kartoffelkraut gemacht, doch Lagerfeuer und am Stock aufgespießte, gegarte Kartoffeln haben nichts an Romantik verloren. Erntedankfeste sind immer noch etwas Besonderes auf dem Land, buntgeschmückte Wagen mit Kartoffelblüten und Knollen sind beim Erntedankumzug häufig zu bewundern. Eine kleine Huldigung an Solanum tuberosum.

Anna Bronski, die Großmutter aus dem Roman »Die Blechtrommel« von Günter Grass, sitzt in ihren weiten Röcken, neun an der Zahl, am Rande eines Kartoffelackers und hütet ein *manchmal asthmatisch auflebendes, den Rauch flach und umständlich über die geeignete Erdkruste hinschickendes Kartoffelfeuer,* um sich einige Knollen zu braten. Bald scharrt die Großmutter *mit dem Haselstock die erste gare Kartoffel aus der Asche: Weit genug schob sie die Bulwe neben den schwelenden Krautberg, damit der Wind sie streifte und abkühlte.*

Pellkartoffeln, Schälkartoffeln und im Krautfeuer gebratene Kartoffeln haben Spuren in der Literatur hinterlassen. Die Bratkartoffel etwa wurde gerne mit deutscher Familienharmonie in Verbindung gebracht.

Anhänger der Bratkartoffel gelten im allgemeinen als besonnene Charaktere, als Männer mit Umsicht in allen Lebenslagen. Der Hang zur Bratkartoffel, vor allem zu solchen mit Zwiebeln und Speck, geht Hand in Hand mit einer bedächtigen, lebensbejahenden Grundhaltung, die alles Flatterhafte, Pessimistische, Obrigkeitsfeindliche ausschließt. Der wahre Bürgersinn von Bratkartoffelessern steht außer Frage.
Johann Freter, Hannoversche Allgemeine Zeitung

Nun ja, das müßte man vielleicht genauer untersuchen. Die Kartoffel wird immer wieder in Beziehung mit menschlichen Schwächen und Eigenschaften gebracht. Der Volksmund kennt zahlreiche Sprichwörter und Redensarten, die ein karikaturistisches Bild der Kartoffel zeigen. So kennen wir Begriffe wie Kartoffelnase oder Kartoffelgesicht. Die Gründe lassen sich nur vermuten. Die Kartoffel ist etwas Alltägliches, Allgegenwärtiges und Vertrautes, wenn man Vergleiche sucht, bietet sie sich an, zumal sie sehr eigenwillige Erscheinungsformen haben kann.

Die Volkstümlichkeit der Kartoffel kommt in der Sprache deutlich zum Ausdruck. Fast schon poetisch ist die Kartoffelmuse, die Köchin, oder der Kartoffel-friedhof, ein dicker, wohlgenährter Bauch. Der schöne Ausspruch *Kartoffelbrei zum Blühen bringen* hingegen steht für ein unmögliches Unterfangen.

»Rin in die Kartoffeln – raus aus den Kartoffeln«, Illustration von 1881

Und wer kennt nicht den Satz: *Rin in die Kartoffeln – raus aus den Kartoffeln*? Er stammt aus einer militärischen Glosse über ein Manöver in den »Flie-genden Blättern« von 1881. Dort haben ein Hauptmann, ein Regimentskommandeur und ein General verschiedene Ansichten über den Wert militärischer Tarnung im Kartoffelfeld. So kommt es, daß die Herren unterschiedliche Anordnungen geben und ein stetes Hin und Her bewirken. Seitdem steht der Ausspruch für Unentschiedenheit.

Die dümmsten Bauern ernten die dicksten Kartoffeln stimmt mit Sicherheit nicht. Diese böse Redensart wird gerne gebraucht, wenn Menschen unverdientes Glück zufällt.

Das Gedicht von Bertolt Brecht, »Traum von einer großen Miesmacherin«, aus dem Jahre 1937 spricht eine andere Sprache, eine politische. Da hat er einen Traum:

Gegenüber der Oper,
In der der Anstreicher auftrat
Und seine große Rede hielt,
Lag plötzlich eine gewaltige Kartoffel,
Größer als ein mittlerer Berg,
Vor dem wartenden Volk und
Hielt auch eine Rede.

Die Kartoffel warnt vor großen Worten wie Ehre und Ruhm, die der »Anstreicher«, Adolf Hitler, verspricht, sie selbst sei zwar nur eine unbedeutende Person, aber ohne sie gehe es doch nicht, und während der Anstreicher immer weiterspricht:

Begann sie gleichsam zur Probe
Eine unheimliche Demonstration,

Allem Volk sichtbar, indem sie
Mit jedem Wort des Anstreichers
Zusammenschrumpfte,
Kleiner ward, elender und kränker.

Miesmacher war ein Wort, mit dem die Nationalsozialisten Kritiker und Gegner bezeichneten, um davon abzulenken, daß der nationalsozialistische Staat in Wahrheit Sozialabbau betrieb, um den Krieg vorzubereiten. Brecht hatte klug gewählt, indem er die Kartoffel sprechen ließ.

Bei Herta Müller ist die Kartoffel der Inbegriff von Leben und Wärme, »ein warmes Bett«:
»Die heiße, dampfende Kartoffel ist auch heute noch das wärmste Gemüse für mich«, sagt er. »Eine Kartoffel ist auch heute, nach fünfzig Jahren, noch so warm wie ein warmes Bett«, sagt er. »Wenn ich eine ungeschälte, gekochte Kartoffel aufbreche mit der Hand, kommen mir heute die Tränen. Nein, damals nicht, damals war der Hunger zu groß. Damals hatte ich keine Zeit für nasse Augen. Die Kartoffel war schneller gegessen, als ich sie sehen konnte. Ich hab sie nur gesehen mit dem halbverhungerten Verstand.«
Eine warme Kartoffel ist ein warmes Bett, 1992

Uwe Timm geht in seinem Roman »Johannisnacht« einer ganz anderen Sache nach. Er schickt seinen Ich-Erzähler auf die Fährte eines verstorbenen Kartoffelforschers, der sich zur Aufgabe gesetzt hatte, einen Geschmackskatalog für die Kartoffel zu schreiben.

Wie beim Wein, so wollte er auch eine Sprache für die Kartoffel finden, die die feinen Unterschiede auf der Zunge festhielt.

Der Geschmack ist die Kunst,
sich auf Kleinigkeiten zu verstehen.
Jean-Jacques Rousseau

Die Kartoffel in der bildenden Kunst

Es muß wunderbar sein, ein neues Thema zu erfinden.
Van Gogh zum Beispiel. Eine so alltägliche Sache wie
seine Kartoffel. Das gemalt zu haben – oder seine alten
Stiefel! Das war wirklich etwas.
Pablo Picasso

»Die Kartoffelesser«, Gemälde von Vincent van Gogh, 1885

Das bekannteste Kartoffelbild hat eine Internetadresse
(www.vangoghmuseum.nl) und hängt in Amsterdam:
»Die Kartoffelesser« von Vincent van Gogh.

An einem armseligen Tisch unter einer trüben
Petroleumlampe sitzt die Familie beim Essen. Das
Bild stammt aus dem Jahre 1885. Aus den Gesichtern
spricht ein Leben voller Mühsal und Entbehrung.
Kaum ein anderer hat so viele Kartoffelbilder gemalt
wie van Gogh. Auch wenn er auf Kritik stieß in einem

Jahrhundert, das die Realität nicht auf Bildern sehen wollte, sondern lieber die unkritische schöne Seite porträtierte. Über die »Kartoffelesser« schrieb er an seinen Bruder Theo, er habe die enge Verbindung der Bauern zur Erde und zur Arbeit zeigen wollen und deshalb habe er ihnen die Farbe von staubigen Kartoffeln gegeben.

»Die Kartoffelpflanzer«, Gemälde von Jean-François Millet, 1861/62

Der französische Maler Jean-François Millet dokumentierte schon vor van Gogh das alltägliche bäuerliche Leben und wollte sie zeigen, wie sie wirklich waren, Männer und Frauen bei der Feldarbeit. Millet selbst kam aus einer Bauernfamilie. Der englische Schriftsteller und Kunstkritiker John Berger sagt: »Millets Ehrgeiz, unbekannte Erfahrungen zu machen, war so groß, daß er sich zuweilen vor eine unlösbare Aufgabe stellte. Wie eine Frau eine Saatkartoffel in ein Loch fallen läßt, das ihr Mann gerade gescharrt hat – die Kartoffel dabei im freien Fall vorgestellt –, das läßt sich vielleicht abfilmen, aber kaum malen.«

»Kartoffelpflücker«, Gemälde von Max Liebermann, 1874

Auch Max Liebermann, der aus einer wohlhabenden jüdischen Berliner Fabrikantenfamilie stammte, setzte sich mit dem ländlichen Leben auseinander.

Von der Fesselung des Bauern an die Erde und der körperlichen Mühsal bäuerlicher Arbeit sprechen alle Kartoffelbilder. Gerade das »im Schweiße seines Angesichts« hat die Künstler bis in die neueste Zeit immer wieder gereizt, ob dies nun in naturalistischer, impressionistischer oder expressionistischer Manier geschah, das Kartoffelmotiv bleibt aktuell.

Sigmar Polke baute sogar ein Kartoffelhaus. Das Spannende daran: Solanum tuberosum bildet die Verbindungsstücke der Hölzer, aus denen das Haus gebaut ist. Die Kartoffel als Stütze der Gesellschaft? Eine schöne Metapher, Vergangenheit und Gegenwart. Geschichte und Zukunft. Und mittendrin – unsere unscheinbare Knolle.

Eine weitere Arbeit von Polke ist in der Kunsthalle von Hamburg zu sehen. »Ein Apparat, mit dem eine Kartoffel eine andere Kartoffel umkreisen kann«, so der Titel der Installation. Eine Kartoffel hängt an einem Draht und kreist mit Hilfe eines kleinen Dynamos um eine andere, auf dem Boden liegende Kartoffel. Beide Knollen sind völlig verschrumpelt und übersät mit Trieben. Die Bewegung gleicht dem Lauf des Mondes um die Erde. Wieder steht die Kartoffel eindeutig für das Leben und die fortwährende Bewegung.

Die Fotografen Anna und Bernhard Blume widmeten der Knolle ein ganz eigenes Szenario. Die Kartoffel und die Hausfrau. »Küchenkoller« nannten sie ihre aktionsreiche Fotoserie. Anna Blume im Kampf mit der Knolle, oder besser: mit einer ganzen Horde wild gewordener Kartoffeln.

Die tägliche Auseinandersetzung mit dem Leben an sich. Was liegt da näher, als etwas so Alltägliches wie eine Kartoffel zu nehmen: Das ist nicht nur ernsthaft, sondern enthält auch Ironie und Witz, ja Spaß: eben »Leben«.

Die Blumes entwarfen auch eine Kartoffelschrift. 1985 entstand eine fünfteilige Sequenz, die mit einem Fragezeichen endet. Die Buchstaben entstehen aus der Schale der Knollen. Als Untergrund für die riesigen Aufnahmen im Format von 200 cm x 127 cm dient ein einfacher Küchentisch, der die Spuren des Alltag trägt.

Die Blumes haben ihre ganz eigene Interpretation,
wenn es um Kartoffeln geht:

»Küchenkoller«, Anna und Bernhard Blume, 1985, Ausschnitt

Sind Kartoffeln nur Kartoffeln,
oder können es auch Seelenzeichen sein?
Muß man sie nicht als Objektivationen sehen,
z.B. unterdrückter, nicht gelebter Wünsche, Triebe?

Könnten dann Kartoffeln nicht zuweilen Triebgebilde
sein, fotogene Manifestationen einer lang frustrierten
Seele, die sonst sprachlos bleiben müßte?
Anna und Bernhard Blume

Von der phallischen Symbolik der Kartoffel war noch ein weiterer Künstler fasziniert, der Maler und Fotograf Werner Reuber. Reuber hat wie die Blumes an der Düsseldorfer Kunstakademie bei Joseph Beuys studiert. Für ihn ist die Kartoffel ein Fruchtbarkeitssymbol. Der Kunststudent Harald Braun wiederum kam aus purer Geldnot zur Kartoffel. Er schnitzte Porträts aus Kartoffeln. Das übliche Material war ihm zu teuer, und bald entdeckte er, daß er mit den Kartoffeln einen guten Ersatzstoff gefunden hatte. Die Installation »Jedermann« besteht aus 360 geschnitzten, an Drähten aufgehängten Kartoffelköpfen. An der Luft getrocknet, sind sie hart wie Stein und dauerhaft geworden. Jedes der Gesichter hat einen eigenen Charakter. Mit ihrem schrumpeligen Aussehen wirken diese Kartoffelgesichter fast weise, als hätten sie schon viel von der Welt gesehen, als hätten sie ihre ganz eigene Geschichte durchlebt.

Die Inkas gaben ihren Knollen auch Gesichter. Die Grabgefäße zeigen Kartoffeln mit menschlichen Zügen.

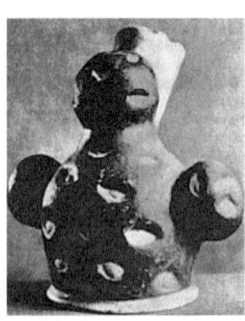 

Grabgefäße der Inkas, ca. 200–600 n. Chr

Mittlerweile hat Solanum tuberosum also fast jeden Bereich unserer Kultur mit Charme und List erobert. Die Kartoffel als Briefmarke? Auch das gibt es.

Ein französischer Ersttagsbrief aus dem Jahre 1956 bildet Kartoffelblüten ab. Erschienen ist er zu Ehren des Apothekers Parmentier, dem die Franzosen ihre erste Kartoffelsuppe zu verdanken haben. Auf Briefmarken zeigt das Fürstentum Liechtenstein eine kartoffelschälende Frau. Die im Südatlantik liegende Insel Tristan da Cunha bildet Kartoffelfelder ab, die von Steinwällen umgeben ist.

Ersttagsbrief zu Ehren von Antoine Parmentier, 1956

Es gibt zahlreiche Beispiele, in denen sich Künstler mit der Kartoffel in den unterschiedlichsten Zusammenhängen auseinandersetzen. Viele von ihnen sind genaue Beobachter ihrer Zeit.

Gunter Rambow wirbt 1967 mit einer Kartoffel für eine Kunst- und Literaturzeitschrift. »Ein kleiner Eingriff mit dem Küchenmesser, und die Kartoffel wird zu einem Gehäuse für eine andere Kartoffel – eine künst-

lerische Skulptur.« Gunter Rambow hat eine eigene
Assoziation zur Kartoffel. Er wuchs auf dem Lande
auf, und nach dem Krieg hat die Kartoffel dort das
Überleben ermöglicht.

»Ego-ißt eine Kartoffel«,
Gunter Rambow, Plakat, 1967

Für eine Einzelausstellung seiner Plakate im Museum
Wiesbaden hat Rambow eine ganze Serie aus Kartof-
felplakaten gestaltet. Auch hier benutzt er die Knolle
als Skulptur, er teilt sie, schält sie und färbt sie innen
bunt. Außen braune, fahle Schale, innen lebendig und
immer wieder anders.

Zum Beispiel Bettina von Arnim. Die Rede ist hier jetzt nicht von der berühmten Dichterin, sondern von ihrer Nachfahrin und Namenskollegin. 1979 erhob sie die Kartoffel mit ihrem »Kartoffelalphabet« zum Kunstobjekt. Unsere 26 Buchstaben, dargestellt von treibenden Kartoffeln. Bettina von Arnim stellt sich die Buchstaben des Alphabets als nahrhafte Erdknollen vor, vielleicht versteht sie die Knollen als geheime Chiffren, als Sprache zwischen den Völkern? Vielleicht. Daß die Kartoffel für Verständigung gesorgt hat, zeigt die Geschichte nur zu gut.

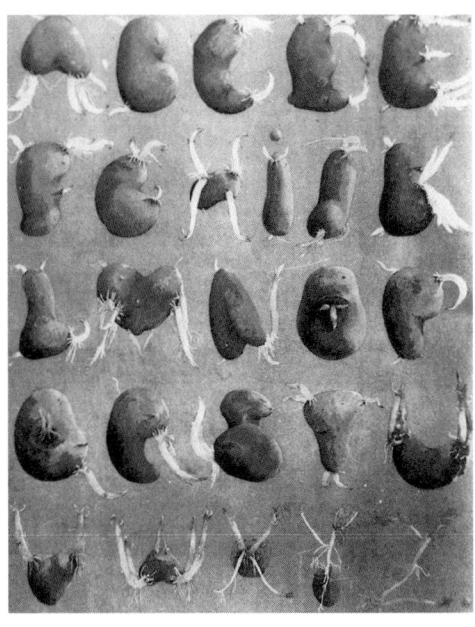

»Karoffelalphabet«, Objekt von Bettina von Arnim, 1979

Ein anderes Medium der Verständigung ist die Musik. Im Klaus-Kuhnke-Archiv für Populäre Musik in Bremen finden sich 18 deutsche Lieder sowie weitere 100 englischsprachige Songs. Die Stücke haben vielversprechende Titel wie »Kartoffelpolitisches Pausenzeichen« von Max Goldt, dieses ist allerdings nur eine recht eintönige Melodie, oder »Der Bratkartoffel-Rock-'n'- Roll« der Fritz Müller Band.

Andy Fisher swingt zum Kartoffelbeat, und Hans Scheibner singt eine Kartoffelballade. Die moderne Geschichte einer Liebe. Er erzählt darin, wie sich der Mensch in den Abgründen der Leidenschaft und des Konsums verirren kann. Auch bei Hanne Haller beginnt die leidenschaftliche Liebe mit Bratkartoffeln. Verführung mit Speck und Ei, womit wir auch schon beim nächsten Kapitel sind.

Zum Schluß etwas Leckeres

Heute essen wir: mehlige Salzkartoffeln, rohe Kartoffeln gerieben, in krauser Knochenbrühe gekochte Petersilienkartoffeln oder nur Pellkartoffeln mit Quark. Wir kennen Kartoffeln mit Zwiebeln gedämpft oder in Senfsoße, Butterkartoffeln, mit Käse überkrustete, gestampfte, in Milch gekochte, in Folie gebackene winterliche Lagerkartoffeln, Frühjahrskartoffeln. Oder solche in grüner Soße. Oder Kartoffelmus mit verlorenen Eiern. Oder thüringische Vogtländer, hennebergische Kartoffelklöße in weißer Soße mit Semmelbröseln. Oder in Jenaer Glas mit Käse oder, wie es die Brüder Nostiz taten, mit Krebsbutter überbacken. Oder (in Kriegszeiten) Kartoffelmarzipan, Kartoffeltorte, Kartoffelpudding. Oder Kartoffelschnaps. Oder die Hammelkartoffel meiner Amanda, wenn sie (auf Feiertage) zu Hammeldünnung in Nierentalg angebratene, gevierteilte Bulwen tat, mit Wasser auffüllte und so lange kochte, bis der Sud eingekocht war.
Günter Grass, Der Butt, 1977

Nun kommen wir zu einem ganz anderen, einem bekömmlichen Kapitel. Nämlich zur Frage, was man mit Kartoffeln alles zubereiten kann. Kochbücher, die aktuelle Kochrezepte verraten, gibt es zuhauf. Doch daß man auch Marmelade, wohlschmeckende süße Marmelade, oder leckere Kartoffeltrüffel zubereiten kann, wissen nur wenige.

Beginnen wir mit dem Frühstück:

Kartoffelbrot mit Marmelade

Zutaten:
500 g Mehl, 1 Würfel Hefe, ein TL Salz, 75 g zerlassene Butter, 1 Ei, 1/8 Liter Milch, 500 g gekochte und geriebene Kartoffeln (am besten Salzkartoffeln vom Vortag).

Zubereitung:
Das Mehl in eine vorgewärmte Schüssel geben und in die Mitte eine Vertiefung drücken. Die Hefe in etwas lauwarmer Milch auflösen und in die Mulde gießen. Das Ganze mit so viel Mehl vermengen, daß ein Vorteig entsteht. Diesen anschließend an einem warmen Ort 15 Minuten gehen lassen. Danach die restliche Milch erwärmen, mit Butter, Salz, Mehl und Ei zu einem glatten Teig verarbeiten, schlagen, bis er Blasen wirft, und nochmals 20 Minuten gehen lassen. Anschließend die Kartoffeln untermengen, eine Kastenform einfetten und den Teig hineingeben. Dann nochmals 15 Minuten gehen lassen und anschließend bei 180 Grad ca. 60 Minuten backen. Kartoffelbrot ist ein sehr saftiges Brot, das lange frisch bleibt.

Und aufs Brot gibt es: Kartoffelmarmelade oder, wie die Franzosen sagen: Confiture de Pommes de Terre, das hört sich doch gleich schmackhafter an. Diese Konfitüre schmeckt sehr eigen, wenn nicht gar extravagant.

Zutaten für etwa 3 Gläser:
1 kg mehligkochende Kartoffeln, Meersalz, Zimt, 1 kg Zucker, 2 Vanilleschoten, Geliermittel (entsprechend der Packungsbeilage verarbeitet).

Zubereitung:
Ein trockenes Kartoffelpüree zubereiten: Die unge-schälten Kartoffeln waschen. Die unzerteilten Kartof-feln in einen Topf geben und kaltes Wasser bis 2 Zenti-meter über die Knollen einfüllen. Pro Liter Wasser 10 g Salz hineingeben. Etwa 20–30 Minuten zugedeckt kochen. Kartoffeln abgießen und noch warm schälen. Die Kartoffeln mit dem Passiergerät ganz fein rühren. Das Püree auf dem Herd unter kräftigem Umrühren mit dem Holzspatel trockenrühren. In den Topf pro Kilo Kartoffelpüree 1 kg Streuzucker geben, außerdem die aufgeschlitzten Vanilleschoten und eine Prise Zimt. Geliermittel hinzugeben. Die Konfitüre kochen lassen, sie soll bei 110 Grad heiß und durchsichtig wer-den. Mit einem Zuckerthermometer kontrollieren. Mit einem Schaumlöffel die weiße Schaumschicht ab-schöpfen, die sich auf der Oberfläche bildet. In Gläser füllen. Kühl aufbewahren.

Kommen wir zum Mittagessen. Vorweg eine Kartoffel-suppe. Es gibt zahlreiche Möglichkeiten, mit Kartof-feln eine deftige oder eine feine Suppe zuzubereiten. Püriert oder als Eintopf, als Hauptgang oder nur als sättigende Beilage. Kartoffeln passen zu vielen Gemü-sesorten und nehmen dankbar auch verschiedene Ge-schmacksrichtungen an. Besonders gut vertragen sie

sich mit allen Wurzelarten und Lauch, allerdings sind
Pilze auch nicht zu verachten.

»Die Kartoffel trägt unsere Ernährung«,
Werbeplakat für die Kartoffel, 1936

Klassische halbpürierte Kartoffelsuppe
aus Omas Kochbuch

Zutaten:
1 kg Kartoffeln, 100 g Bauchspeck, 1,5 Liter Fleisch-
brühe, 1 kleine Zwiebel, 5 Karotten, ein Viertel Selle-
rie, etwas Crème fraîche.

Zubereitung:
Kartoffeln schälen und kochen. Ein Drittel in Würfel
schneiden und blanchieren, den Rest in Bouillon ko-

chen und durch ein Sieb streichen. Den Bauchspeck und das Gemüse fein würfeln und in etwas Fett zusammen dünsten. Die Suppe sowie die Kartoffelwürfel dazugeben. Mit Salz, Pfeffer und Muskat abschmecken und mit etwas Crème fraîche verfeinern.

Eine ganz andere, aber sehr eigenwillige Suppenvariante kommt aus dem Land der Nudel: Italien. Es ist ein altes ländliches Rezept und eine herzhafte Hauptmahlzeit.

Italienische Rauke-Kartoffelsuppe

Zutaten:
1 kg Kartoffeln, 900 ml kräftige Gemüsebrühe, 1 mittelgroße Möhre, 120 g Rauke (Rukola), 1/2 TL Cayennepfeffer, 1/2 Laib Ciabattabrot, in Stücke gebrochen, 4 Knoblauchzehen, 4 EL Olivenöl, Salz und Pfeffer.

Zubereitung:
Die Kartoffeln in der Brühe ca. 10 Minuten köcheln. Die feingewürfelten Möhren hinzugeben, die Raukeblätter in kleine Stücke reißen. (Statt der Rauke kann auch junger Spinat verwendet werden.) Alles in einen Topf geben und 15 Minuten köcheln lassen. Salz, Cayennepfeffer, den schwarzen Pfeffer sowie das Brot hinzutun. Topf vom Herd nehmen und etwas stehenlassen. Anschließend den Knoblauch in Olivenöl goldgelb sautieren. Auf jede Portion etwas Knoblauch geben und anschließend servieren.

Griechische Kartoffelplätzchen

In der griechischen Küche gibt es ein ganz feines Rezept mit Kartoffeln. Machen wir also einen Abstecher in die Ägäis.

Diese Plätzchen zeichnen sich durch den besonderen Charakter der Gewürze aus. Sie eignen sich hervorragend als Beilage oder schmackhaftes Entree.

Zutaten:

1 kg Kartoffeln (festkochend), 1 Fenchelzweig, 2 EL Currypulver, Meersalz, 150 Korinthen, 250 g Butter, 200 g Mehl, 1 Ei, Pfeffer aus der Mühle, etwas Kümmel, grobes Salz.

Zubereitung:

Kartoffeln schälen und waschen. Den Fenchelzweig abbrausen und zusammen mit 1 EL Currypulver und Salz in den Kartoffeltopf geben und alles 25 Minuten kochen lassen. Den Ofen vorheizen. Die Korinthen waschen und abtropfen lassen. Die fertigen Kartoffeln im Topf mit einem Kartoffelstampfer zerdrücken. 150 g Butter dazugeben und nach und nach das Mehl unterrühren, bis eine feste Masse entsteht. Alles gut durchkneten. Den Teig ausrollen, das restliche Currypulver hinzugeben und die Korinthen einarbeiten. Mit einem Glas kleine Scheiben ausstechen. Das Backblech einfetten und mit Mehl bestäuben, die Kartoffelplätzchen darauf verteilen. Die restliche Butter in einer Pfanne zerlassen und die Plätzchen damit bestreichen. Sobald die Butter eingezogen ist, mit dem verquirlten

Ei bestreichen und mit etwas Kümmel und grobem Salz bestreuen. Anschließend die Plätzchen 8–10 Minuten backen, bis sie goldbraun sind. Heiß servieren.

Betrunkene Kartoffeln

Kartoffeln und Portwein, das mag eine merkwürdige Zusammenstellung sein, heraus kommen »Betrunkene Kartoffeln«. Zum portugiesischen Originalgericht gehören sogenannte Roxas, rote Kartoffeln. Wenn diese nicht zu bekommen sind, kann man auch normale mehlige Kartoffeln verwenden.

Zutaten:
500 g Lammfleisch, 800 g mehlige Kartoffeln bzw. Roxas, 100 ml Portwein, 1 Knoblauchzehe, 2 EL Butter, Salz.

Zubereitung:
Das Fleisch in Stücke schneiden und salzen. Etwas einziehen lassen, in Butter anbraten und beiseite stellen. Die Kartoffeln in der Schale kochen, pellen und in Stücke schneiden. Den Wein zusammen mit dem Knoblauch in einem Topf erhitzen. Das Fleisch samt Bratenfond dazugeben und kochen. Zuletzt die Kartoffeln hinzugeben und kurz weiterkochen.

Als Nachtisch etwas Süßes:

Kartoffeltrüffel

Zutaten:
125 g gekochte Kartoffeln, 50 g Butter, 120 g Bitterkuvertüre, 60 g Vollmilchkuvertüre, Mark von drei Vanilleschoten, 1 Schuß Rum, Puderzucker.

Zubereitung:
Die gekochten Kartoffeln mit im Wasserbad aufgelöster
Kuvertüre zu einer glatten Masse verrühren und dann
das Vanillemark und einen Schuß Rum dazugeben.
Alles auf einem Backblech gleichmäßig verteilen und
über Nacht schön kühl stellen. Aus der Masse kleine
Kugeln formen, diese in aufgelöster Bitterkuvertüre
zwischen den Händen rollen und danach gleich in
Puderzucker wälzen.

Kartoffeltörtchen zum Kaffee

Zutaten:
200 g Zucker, 75 g gekochte und pürierte Kartoffeln,
75 g gemahlene Mandeln, 1 TL Butter und Paniermehl,
2 TL Maisstärke oder besser Kartoffelmehl, 3 Eigelbe,
Zimt und Zucker zum Bestreuen.

Zubereitung:
Den Zucker mit 100 ml Wasser ca. 5 Minuten kochen
lassen, das Kartoffelpüree und die Mandeln hinzufü-

gen und die Masse unter ständigem Rühren aufkochen lassen. Vom Feuer nehmen und abkühlen lassen. Nun die Eigelbe unter die lauwarme Masse rühren, die Stärke hinzufügen und alles gut mischen. Kleine Förmchen fetten, mit Paniermehl ausbröseln und den Teig hineinfüllen. Im vorgeheizten Backofen bei 225 Grad backen, bis der Teig schön gebräunt ist. Die Kartoffeltörtchen aus der Form lösen und – leicht abgekühlt – mit Zimt und Zucker bestreuen.

Als süße Alternative:

Apfelkuchen ganz ohne Mehl

Zutaten:
750 g Äpfel, 3 Eier, 2 EL Milch, 150 g Zucker, 500 g Kartoffeln, geriebene Zitronenschale.

Zubereitung:
Äpfel schälen, hobeln und mit etwas Zucker bestreuen. Eier trennen und Eigelb mit Milch und dem restlichen Zucker gut verrühren. Die Kartoffeln kochen, durchpressen und erkalten lassen. Kartoffeln, Äpfel, Zitronenschale und zuletzt das steifgeschlagene Eiweiß unter die Eigelbmasse heben. In eine gefettete Springform geben und bei 175 Grad backen.

Anstelle der Äpfel können auch Birnen verwendet werden. Bei vielen anderen Kuchen kann ein Teil des Mehls durch Kartoffeln ersetzt werden. Beim Ausdrücken von rohen Kartoffeln für Kartoffelklöße entsteht Kartoffelmehl. Das gewonnene Kartoffelwasser

wird nicht etwa weggeschüttet, sondern sorgsam auf-
gehoben. Das Mehl setzt sich nach einiger Zeit auf
dem Topfboden ab. Anschließend muß das Mehl durch
einen Kaffeefilter rinnen und auf Leinentüchern in der
Sonne trocknen. Das Kartoffelmehl kann für feine
Cremes oder Frucht- und Milchflammeris verwendet
werden. Kartoffelmehl ist dank seines hohen Stärke-
gehalts ein sehr guter Soßenbinder.

»Kartoffelschälende Frau«, Kohlezeichnung
von Vincent van Gogh, 1885

Kartoffeln mit Meersalz

Salzkartoffeln sind wohl die bekannteste Variante,
Kartoffeln zuzubereiten. Eine ähnliche, aber viel eigen-
willigere Variante kommt aus Nordfrankreich: Kartoffeln mit Meersalz. Am besten kleine, frühe Kartoffeln

nehmen, diese vor dem Kochen nur abbürsten. Anschließend werden die Knollen in Butter geschwenkt und mit grobem Meersalz bestreut. Das Salz sollte sich ruhig etwas in die Schale einbrennen. Mehlige Kartoffeln eignen sich hierfür nicht. Sie würden auseinanderfallen. Große Köche und Feinschmecker empfehlen übrigens bei allen Kartoffelgerichten gerne ausschließlich das Barmberger Hörnchen. Wie schon erwähnt, wer etwas auf sich hält, wählt die Knolle mit dem eigenen, sehr kräftigen Geschmack und der festen Konsistenz.

Das Bier war sehr kalt, und es tat so gut, es zu trinken: Die Kartoffeln waren schön fest und das Olivenöl köstlich. Ich mahlte schwarzen Pfeffer über die Kartoffeln und tunkte das Brot ins Olivenöl. Nachdem ich einen kräftigen Schluck von meinem Bier getan hatte, aß und trank ich ganz langsam. Als der Kartoffelsalat alle war, bestellte ich noch eine Portion ...
Ernest Hemingway, Fiesta, 1926

Nach diesem Essen war er sicher, das irgendwann seine Geschichten gefallen würden ... *es dauert nur seine Zeit ... und es braucht Zuversicht.*

Kartoffelsalat mit Öl, frei nach Hemingway

Die Kartoffeln waschen, schälen, anschließend ca. 30 Minuten in Salzwasser kochen, bis sie weich sind und man sie mühelos mit einem Messer anstechen kann.

Die Kartoffeln abkühlen lassen und in einen halben Zentimeter dünne Scheiben schneiden. 4 EL trockenen Weißwein mit 3 EL Rinderbrühe verrühren, die noch warme Mischung über die Kartoffeln gießen. In einer getrennten Schüssel 2 EL Rotweinessig, 1 TL Dijonsenf, 1/2 TL Salz, 3 kleingeschnittene Schalotten verrühren und unter ständigem Rühren 6 EL Olivenöl hinzugeben. Anschließend die Soße über die Kartoffeln geben.

Kartoffelbrei ... aber richtig

Es sind die einfachen Gerichte, bei denen die Kartoffel am besten zur Geltung kommt. Kartoffelbrei zum Beispiel. Ein wahres Trostpflaster für den Magen und das Gemüt. Kartoffelbrei kann ein echter Seelenheiler sein. Kinder lieben Kartoffelbrei, mit »Soßensee« ist er ein ganz besonderes Vergnügen, wie man bei Gottfried Kellers »Pankranz der Schmoller« nachlesen kann:

Die Mutter kochte nämlich jeden Mittag einen dicken Kartoffelbrei, über welchen sie eine fette Milch oder eine Brühe von schöner brauner Soße goß. Diesen Kartoffelbrei aßen alle zusammen aus der Schüssel mit ihren Blechlöffeln, indem jeder vor sich eine Vertiefung in das feste Kartoffelgebirge hineingrub. Das Söhnlein, welches bei aller Seltsamkeit in Eßangelegenheiten einen strengen Sinn für militärische Regelmäßigkeit beurkundete und streng darauf hielt, daß jeder nicht mehr oder weniger nahm, als was ihm zu-

komme, sah stets drauf, daß die Milch und die gelbe
Butter, welche am Rand der Schüssel umherfloß,
gleichmäßig in die abgeteilten Gruben laufe; das
Schwesterchen hingegen, welches viel harmloser war,
suchte, sobald ihre Quellen versiegt waren, durch al-
lerhand künstliche Stollen und Abzugsgräben die
wohlschmeckenden Bächlein auf ihre Seite zu leiten,
und wie sehr sich der Bruder dem widersetzte und
ebenso künstliche Dämme aufbaute und überall ver-
stopfte, wo sich ein verdächtiges Loch zeigen wollte,
so wußte sie doch immer wieder eine geheime Ader
des Breies zu eröffnen oder langte kurzweg in offenem
Friedensbruch mit ihrem Löffel und mit lachenden
Augen in des Bruders gefüllte Grube.

Wichtig ist die richtige Zubereitung. Kartoffelbrei ist
nicht gleich Kartoffelbrei. Die Wahl der richtigen Sorte: Festkochende lassen sich zwar schwerer zerdrük-
ken, sind aber vom Geschmack her kräftiger und nicht
so körnig. Man sollte möglichst auf einen Elektromixer
verzichten. Seine rasenden Umdrehungen bringen die
Kartoffelmoleküle durcheinander, und der Brei wird
zur Paste. Also lieber altbewährt stampfen. Dann wird
es ein luftiger Brei, am besten, man unterstützt das
Stampfen noch mit einem Schneebesen. Und dann
ganz wichtig: Butter. Kartoffelbrei braucht viel Butter.
Eine andere Variante von Kartoffelpüree enthält ledig-
lich etwas Sahne und Olivenöl. Gewürzt werden kann
auch ganz vorsichtig mit frisch geriebener Muskatnuß.

Die Kartoffelchips-Story

Noch eine kleine Anekdote zum Thema kulinarischer Erfindungen: Ein beliebter Knabberspaß für zwischendurch sind Kartoffelchips. Zu dieser kleinen Delikatesse gibt es eine eigentümliche Geschichte. Es heißt, daß die Kartoffelchips im Jahre 1853 im Restaurant Moon Lake Lounge in New York erfunden wurden. Ein Gast bestellte Bratkartoffeln, doch er ließ die Portion zurückgehen, weil ihm die Scheiben zu dick waren. Auch die zweite Portion beanstandete er. Der Koch George Crum verlor die Geduld. Aus Protest hobelte er hauchdünne Kartoffelblättchen in die heiße Pfanne mit dem flüssigen Fett und servierte etwas unwirsch seine neue Kreation. Die Begeisterung war groß, und schon am nächsten Tag stand auf jedem Tisch im Restaurant eine Schale mit scharf gewürzten Chips. Bald wurden diese falschen Bratkartoffeln in Papiertüten am Strand oder an der Rennbahn verkauft.

Als Abschluß für diesen Kartoffeltag empfiehlt sich ein guter Wodka und ein Gedicht:

Jetzt schlägt deine schlimme Stunde,
du Ungleichrunde; du Ausgekochte,
du Zeitgeschälte, du Vielgequälte,
du Gipfel meines Entzückens!
Jetzt kommt der Moment des Zerdrückens
Mit der Gabel! Sei stark!
Joachim Ringelnatz, Abschiedsworte an Pellka, 1934

Solanum Coelestpetalum

Literaturhinweise

Aus den Anden auf die Geest
Die lange Reise der Kartoffel von Amerika
nach Europa, Kataloge der Museen in
Schleswig-Holstein Nr. 11,1993–1995
Anna und Bernhard Blume
Großfotoserien, 1985–1990
Bertolt Brecht
ausgewählte Werke, Band 4, 1997
Matthias Claudius
Noth- und Hilfsbüchlein, 1789
Günter Grass
Die Blechtrommel, Roman, 1959
Günter Grass
Der Butt, Roman, 1977
Ernest Hemingway
Fiesta, Roman, 1926
Irland since 1690, A concise History
The Blackstaff Press, 1999
Kartoffeln in der Früh
Ein kulturgeschichtliches Koch- und Lesebuch,
Fränkisches Freilandmuseum, 1998
Gottfried Keller
Pankranz der Schmoller, Roman, 1856
Wilhelm Kolbe
Kulturgeschichte der Kartoffel und
anderer Knollenfrüchte, 1994
Barbara Kosler
Kartoffel – Kultur. Mythos.
Gesundheit. Rezepte,1999

Herta Müller
Eine warme Kartoffel ist ein warmes Bett, 1992
Flann O' Brien
Irischer Lebenslauf, 1977
Helmut Ottenjann und
Karl Heinz Ziessow (Hrsg.)
Die Kartoffel, Geschichte und Zukunft einer
Kulturpflanze, Band 1, Kulturwissenschaftliche
Schriftenreihe, 1992
Erich Maria Remarque
Der Weg zurück, 1931
Joachim Ringelnatz
Gesammelte Werke, 1994
Suzanne Rodríguez-Hunter
Rendezvous im Literarischen Paris, 1995
Karl Friedrich von Rumohr
Geist der Kochkunst, o.J.
Rund um die Kartoffel
Katalog zur Ausstellung des
Heimatmuseums Bickenbach, 1983
Michaele Scherenberg und Karl-Heinz Stier
Das große Kartoffelbuch, 2000
Adam Schmidt
Der Reichtum der Nationen, 1776
Der Spiegel
36/2000, Botanik: Rettung für Erdäpfel
Uwe Timm
Johannisnacht, Roman, 1996
Wilhelm Völkensen
Auf den Spuren der Kartoffel in Kunst und Literatur,
1975

Bildnachweise

Seite 31 © Pechstein, Hamburg-Tökendorf
Seite 42, 46–51, 93 © Wiebke Buckow
Seite 71, 73, 77 © VG Bild-Kunst, Bonn 2001
Seite 76 © Gunter Rambow

Leider konnten nicht immer die Fotografen/Rechteinhaber ermittelt werden. In diesen Fällen sind Autor und Verlag dankbar für Hinweise. Berechtigte Ansprüche werden im Rahmen des Üblichen abgegolten.

Informationen zu unseren Verlagsprogrammen
finden Sie im Internet unter
www.europaeische-verlagsanstalt.de
bzw. www.rotbuch.de

Die Deutsche Bibliothek – CIP-Einheitsaufnahme
Ein Titeldatensatz für diese Publikation
ist bei Der Deutschen Bibliothek erhältlich

© Europäische Verlagsanstalt/Rotbuch Verlag,
Hamburg 2001
Umschlaggestaltung: +malsy, Bremen
Layout und Satz: +malsy, Bremen
Umschlagmotiv: Genbank Groß Lüsewitz, Archiv,
Signet: Dorothee Wallner nach Caspar Neher
»Europa« (1945)
Herstellung: Das Herstellungsbüro, Hamburg
Druck und Bindung: Clausen und Bosse, Leck
Printed in Germany
Alle Rechte vorbehalten
ISBN 3-434-50510-5